PARADOXOS DE DEUS

MÁRCIO VALADÃO
COM RICHARDE GUERRA

PARADOXOS DE DEUS

REFLEXÕES SOBRE O **EXTRAORDINÁRIO** AGIR DE DEUS NO MUNDO

THOMAS NELSON
BRASIL®

As citações bíblicas são da Nova Versão Internacional (NVI), da Bíblica, Inc., a menos que seja especificada outra versão da Bíblia Sagrada.

Gerente editorial	*Samuel Coto*
Editor	*André Lodos Tangerino*
Assistente editorial	*Bruna Gomes*
Edição de texto	*Daila Fanny Pinho*
Copidesque	*Jean Carlos Alves Xavier*
Revisão	*Gisele Múfalo*
Diagramação	*Sonia Peticov*
Capa	*Rafael Brum*

CIP-BRASIL. CATALOGAÇÃO NA FONTE
SINDICATO NACIONAL DOS EDITORES DE LIVROS, RJ

V232p
Valadão, Márcio
Paradoxos de Deus: reflexões sobre o extraordinário agir de Deus no mundo / Márcio Valadão, Richarde Guerra. — 1. ed. — Rio de Janeiro: Thomas Nelson Brasil, 2018.
208 p.

ISBN 978-85-7860-6558

1. Deus. 2. Sabedoria. 3. Vida espiritual — Cristianismo. I. Guerra, Richarde. II. Título.

18-52642 CDD: 231
CDU: 27-14

Thomas Nelson Brasil é uma marca licenciada à Vida Melhor Editora, S. A.

Rua da Quitanda, 86, sala 218 — Centro
Rio de Janeiro — RJ — CEP 20091-005
Tel.: (21) 3175-1030
www.thomasnelson.com.br

Dedicamos este livro àquelas que desde sempre têm nos apoiado no ministério através das intercessões e ações nossos amados presentes de Deus, nossas esposas Renata Valadão e Priscila Guerra. Amamos vocês.

"Ainda bem que chegamos a um paradoxo. Agora, há esperança de conseguirmos algum progresso."

Niels Bohr
Prêmio Nobel da Física

Sobre o **PASTOR MÁRCIO VALADÃO** e seus **70 ANOS** de vida completos na ocasião do lançamento deste livro:

Pastor HERNANDES DIAS LOPES

Primeira igreja presbiteriana de Vitória

Afirmo com muita alegria e da profundeza da minha alma que o senhor é um homem muito amado por Deus, pela sua família, igreja, pelos seus amigos, pelo povo de Deus no Brasil e no mundo. O senhor tem sido um exemplo de humildade e mansidão. Seu testemunho reverbera para muito além da tão relevante igreja a qual o senhor pastoreia. Deus nos concede a bênção de conviver contigo, referência de vida cristã ilibada para todos nós. Deixo registrado um texto bíblico que faz referência ao profeta Samuel: "Nesta cidade há um homem de Deus, e é muito estimado; tudo quanto ele diz sucede; vamo-nos, agora, lá; mostrar-nos-á, porventura, o caminho que devemos seguir" (1Sm 9.6).

Apóstolo JOEL PEREIRA

Projeto Vida

Deus usou muito sua vida para me abençoar. Certa vez, o senhor disse uma frase que me salvou, salvou o meu ministério naquele instante, o momento em que eu estava vivendo: "Recuar nem sempre é perder, mas pode ser estratégico na sua vida". O senhor nem imaginava o quanto eu precisava ouvir isso naquela hora. E depois entendi que era algo de Deus para minha vida. Havia tido perdas em meu ministério, estava assimilando momentos difíceis, e Deus usou sua vida. Sou muito grato a ele pelo senhor, não somente por esse episódio, mas por tantas vezes que ele o usou para me abençoar. Amo sua autenticidade, sua influência, e tenho um respeito enorme pelo seu ministério. Que Deus renove sua saúde e suas forças, pois o senhor tem abençoado nossa nação e tantas outras.

Pastores LEILA e CARLITO PAES

Igreja da Cidade em São José dos Campos

Pastor, somos muito abençoados por sua vida e seu ministério. O senhor é um presente de Deus para o Brasil. Jamais poderemos contar a história da igreja brasileira sem deixar a presença, legado, história e ministério do pastor Márcio Valadão à frente da Igreja Batista da Lagoinha. Celebramos seu legado, a transformação que Deus fez na igreja por meio da sua vida. Comemoramos sua presença, trazendo o reino palpável no Brasil e no mundo. Quanta gratidão a Deus pela sua vida e pelo que ele ainda realizará por meio da sua história e sabedoria entre nós.

Pastor JONAS NEVES

Igreja Batista do Povo

Você e eu temos o costume de ensinar ao nosso rebanho que temos de estar juntos, próximos, sem divisão, mas você há de convir comigo que há certas distâncias que são boas, e estou muito feliz porque você continua cinco anos à minha frente em relação à nossa idade, e isso é muito bom. Que Deus te abençoe ao lado da sua família, do seu rebanho. Que ele renove seu coração, sua alegria, sua força, sua unção e sua saúde. Que você continue em paz e que Deus continue te usando.

Pastores COSTA NETO e NENEN COSTA

Comunidade Cristã Videira

Tenho o costume de dizer, no bom sentido, que o senhor não é normal. Vou explicar: acredito que, quando Deus o fez, fez uma edição especial, pois o senhor é diferenciado, fora do padrão, pelo amor, carinho e inspiração que oferece por meio de sua própria vida. Deus é perfeito por ter sonhado com o senhor. Agradecemos a ele por sua existência, e não apenas nós, mas milhares e milhares de pessoas O agradecem pela sua vida.

Pastor LUCIANO SUBIRÁ

Ministério Orvalho.com

Quero falar sobre a inspiração que o senhor é para mim, minha casa e nossa geração. Não olho apenas para um ministério bem-sucedido, mas, principalmente, uma história de integridade que o senhor tem escrito, pela família exemplar que o senhor tem. Eu o amo muito e quero ser como o senhor quando crescer.

Pastor LAUDJAIR GUERRA

Igreja Batista Celular Internacional

Sua vida é um presente para mim e tantos outros espalhados pelo mundo; uma inspiração. O senhor é um construtor da obra de Deus, um homem que ele levantou para edificar a casa dele. Amamos o senhor e o abençoamos.

Pastor FLAVIO VALVASSOURA

Comunidade da Esperança

Obrigado por seu um referencial para toda a igreja no Brasil. Obrigado por compartilhar sua família linda. Que Deus lhe conceda vida extensa, cercada de favor e graça por todos os lados.

Pastor AGUIAR VALVASSOURA

Comunidade da Esperança

Meu amigo de 44 anos. Em 1974 eu chegava a Belo Horizonte para pastorear a igreja a qual pertenço, e uma das primeiras pessoas da qual me aproximei foi você. Desde então, você tem sido uma referência e um grande amigo. Vejo alguém que não se deixou contaminar, guardou sua simplicidade, pureza, santidade transparente. Você é um gigante de Deus!

Pastor SIMONTON ARAÚJO

Missão Praia da Costa

Pastor Márcio, o apóstolo do amor, que tem meu respeito e carinho. Tem sido exemplo para toda essa geração de pastores no país e fora dele. Vejo-o como um herói, que tem dado a vida para libertar muitas pessoas. Que Deus o abençoe!

Pastor SILAS MALAFAIA

Assembleia de Deus Vitória em Cristo

Pastor Márcio, o senhor tem o meu respeito e carinho. Tenho a certeza de que é um instrumento de Deus, uma referência para nossa geração. Que o Deus Todo-Poderoso te cubra de bênçãos, renove suas forças, amplie sua saúde, a graça, o poder e a unção sobre sua vida.

Pastor ESTEVAM FERNANDES

Primeira Igreja Batista de João Pessoa

Sua vida é uma inspiração e um presente para todos nós do Brasil. Estar com você é um crescimento; ouvi-lo, um aprendizado; e abraçá-lo, aquece o nosso coração. Amamos você, meu amigo. Que Deus o abençoe!

Pastor LUIZ HERMÍNIO

MEVAM

O senhor tem sido uma expressão de Jesus na terra. Um homem que tem nos entusiasmado, desafiado. Todos os dias recebo um vídeo seu, discipulando, trazendo uma diretiva do céu. O senhor é um presente de Deus para todos nós, para o Brasil, um pai de nações, louvamos a ele pela sua vida. Para mim, o senhor é um homem do Salmo 25, verso 12 ao 14: "Ao homem que teme ao Senhor, ele o instruirá no caminho que deve escolher. Na prosperidade repousará a sua alma, e a sua descendência herdará a terra. A intimidade do SENHOR é para os que o temem, aos quais ele dará a conhecer a sua aliança".

Pastor ABE HUBER

Igreja da Paz

Eu te amo e te admiro, e sei que não apenas eu, mas tantas pessoas e tantos pastores ao redor do mundo, que conhecem você e o legado que tem deixado para o Brasil, para a obra de Deus. Você tem o meu respeito e dou glórias a Deus não apenas pela nossa amizade, que valorizo tanto, mas pela grande inspiração e mentoria, mesmo à distância, que concede à minha vida. Amo muito a sua vida! Muito obrigado!

Apóstolo RENÊ TERRA NOVA

Ministério Internacional da Restauração

Que Deus guarde sua vida, seu coração, e que tudo aquilo que você fizer tenha a boa mão do Senhor, assim como até hoje ele te dirigiu, dando filhos legítimos, filhos levitas, filhos pastores, de avivamento, segundo as profecias que foram liberadas sobre sua vida. Você é alguém muito especial, sua mansidão é um ensino para todos nós, e que isso perdure em sua geração, seus descendentes. Amo você, conte comigo sempre e que Deus te abençoe!

Pastor MILTON EBENÉZER

Primeira Igreja Batista do Brasil

Que bênção o senhor é para a nação brasileira. Que tremenda a maneira como nos ama. Não me esqueço do dia em que o senhor ligou para mim e pensei que fosse um convite para pregar em BH. Mas não, era uma lição. O senhor me ensinou algo que não me esqueço: uma família estava se mudando para Salvador e o senhor fez questão que eu soubesse e cuidasse dessa "casa". Coisas que marcam a minha geração. Amo muito o senhor!

Pastor CÉSAR CASTELLANOS

Missão Carismática Internacional

Damos graças ao Senhor por sua vida e sabemos que é um homem que sempre se guardou para Deus, mantendo-se fiel ao seu Amado, à obra de Jesus. Para mim é uma bênção tê-lo em meu grupo de amigos. É um grande missionário, um conquistador, uma pessoa que tem aprendido engrandecer a obra de Deus. Agradeço a Deus por sua vida, te amo!

Pastor JEREMIAS PEREIRA

Oitava Igreja Presbiteriana de Belo Horizonte

Que vida preciosa, inspiradora, maravilhosa, sustança. Esse é o que a gente pode chamar de exponencial. Colhemos tantos frutos por meio de sua vida abençoadora, humilde, quebrantada, cheia de fé e do Espírito Santo. É uma honra morar na cidade onde o senhor serve a Cristo dessa maneira tão encorajadora. Pastor Márcio, floresça mais e mais!

Pastor e Deputado Federal FABIO SOUZA

Igreja Fonte da Vida

O senhor é um exemplo para todos os evangélicos, um mestre da Palavra de Deus, um dos grandes patriarcas do evangelho brasileiro. Quão é importante para a nação brasileira a sua vida e seu ministério. Deus te abençoe muito!

Pastora ANA PAULA VALADÃO BESSA

Ministério Diante do Trono

Obrigada por não ter perdido o primeiro amor. O senhor sempre fala isso e como nos inspira! Fervoroso na oração, especialmente pedindo em favor dos cultos e de cada ovelha; fiel no estudo da Bíblia e de outros livros para se atualizar e preparar as mensagens. Abundante na obra do Senhor, sua vida nos motiva a não desistir da fé mesmo diante das dificuldades. Obrigada por não fazer acepção de pessoas, tratando bem tanto o rico quanto o pobre, por não chamar ninguém de "doutor" em nossa igreja, e por se orgulhar de sermos exatamente assim: uma igreja em que sentam-se lado a lado, tanto o que tem muito quanto o que nada tem. Por não vender privilégios, não ter bancos marcados para os ricos, por continuar frequentando casas simples, ainda que saiba portar-se com autoridades, desde grandes empresários até presidentes da República.

Pastora MARIANA VALADÃO

Lagoinha Niterói

Pai, todos os dias são para celebrar sua vida, seu coração que nos inspira, abençoa, que representa Deus aqui na Terra.

Pastor FELIPPE VALADÃO

Lagoinha Niterói

Pastor Márcio, o senhor é uma inspiração e um exemplo para todos nós, de alguém que serve por algo maior. Amamos muito o senhor!

Pastor ANDRÉ VALADÃO

Lagoinha Orlando Church e Ministério Fé

A escolha de seguir seus passos aconteceu sem nenhuma imposição ou pressão, mas por causa do seu exemplo. Soube passar para nós a realidade do amor de Deus de uma forma muito vivida, nada programada. Você é demais! Único, valente, visionário, sólido, potente. Meu sempre herói, papai!

SUMÁRIO

PREFÁCIO

QUE ALEGRIA PREFACIAR E RECOMENDAR a leitura de um livro tão extraordinário e enriquecedor como esse! E quero fazer isso considerando não só a mensagem, mas também os mensageiros.

Aliás, é por eles que começo.

O que dizer desses homens? São pastores bem-sucedidos não apenas por que pertencem a uma das maiores e mais influentes igrejas da nação, a Igreja Batista da Lagoinha, e sim porque seus ministérios são autenticados por uma conduta que, mais do apresentar integridade em todas as áreas, reflete a coerência de quem não só crê nas Escrituras como também vive de acordo com isso.

O pastor Marcio Valadão tem sido mais do que um excelente comunicador do evangelho, tem sido um referencial de fé e exemplo para os líderes da nossa geração, entre os quais me incluo (e registro aqui que sou imensamente grato a Deus pela sua existência). Sua vida, família e ministério testado por mais de 50 anos falam por si só.

O pastor Richarde Guerra, como bom discípulo, além de refletir o estilo de vida e ministério já destacados acima, na vida do seu pastor, tem um ensino bíblico rico, não só pelo seu amor às Escrituras e o conhecimento dela que transborda, mas por associar a essa graça, recebida de Deus, uma forma de pensar e apresentar as verdades que satisfaz à mente sem deixar de alimentar a fé — uma combinação difícil e cada dia mais rara.

Só isso já seria suficiente para me inspirar a ler os seus materiais. Mas o que dizer dessa mensagem apresentada em forma literária? Que ela merece tanta recomendação quanto todo o restante. O livro não é para ser lido correndo; merece atenção, reflexão, estudo. É tão instigante quanto desafiador. É tão esclarecedor como provocativo.

Acredito que seja uma mensagem extremamente importante e necessária para uma geração que parece estar, em nome da lógica, comprometendo sua fé. Não me entenda mal. A fé é inteligente, mas nem nem sempre satisfaz à lógica. Pelo menos não a nossa, uma vez que servimos a um Deus que declara:

> Pois os meus pensamentos não são os pensamentos de vocês, nem os seus caminhos são os meus caminhos", declara o SENHOR. Assim como os céus são mais altos do que a terra, também os meus caminhos são mais altos do que os seus caminhos, e os meus pensamentos, mais altos do que os seus pensamentos (Isaías 55:8).

O homem, que tende a orgulhar-se de seu conhecimento e sabedoria, precisa reconhecer a afirmação bíblica que reflete uma mente e razão incapazes de acompanhar um Deus infinitamente mais sábio: "Quem não tem o Espírito não aceita as coisas que vêm do Espírito de Deus, pois lhe são loucura; e não é capaz de entendê-las, porque elas são discernidas espiritualmente" (1Coríntios 2:14).

O livro *Paradoxos de Deus* nos conduz numa trilha inteligente que exalta a sabedoria divina, não a humana. Você certamente será abençoado, edificado e enriquecido. Boa leitura!

LUCIANO SUBIRÁ
Ministério Orvalho.com

A lógica **INVERTIDA** do **PODER** de **DEUS**

TODOS ESTAMOS EM OBRAS, em constante reforma, e o tempo todo o Senhor nos quebra. Quebra a nossa lógica mundana e traz uma nova perspectiva, que é a vida de acordo com o verdadeiro cristianismo. Mas como será que Deus quebra a sabedoria do mundo? Como ele quebra a lógica do mundo? Usando os paradoxos.

Paradoxo é uma palavra da gramática e da literatura. É o nome da figura de linguagem que reúne duas ideias opostas numa mesma frase. O grande exemplo de paradoxo na literatura em língua portuguesa é esse famoso verso de Camões que diz: "Amor é fogo que arde sem se ver". O paradoxo está na imagem de um fogo que queima, mas que é invisível. Trata-se de um paradoxo porque o fogo é justamente fonte geradora de luz, logo, não pode ser invisível.

Aparentemente, as ideias expressas no paradoxo não podem coexistir, pois têm significados opostos. Porém, quando colocadas lado a lado, elas expressam a realidade de forma bastante poderosa.

O Senhor **inverte a lógica do mundo**, inverte a nossa lógica, para mostrar sua **glória** e seu **poder**.

A Bíblia é cheia de paradoxos. O Deus Criador encarna-se como criatura. O último é o primeiro. O maior é o que serve. De todos os paradoxos, me chama a atenção especialmente aquele que diz que Deus escolhe as coisas loucas do mundo para confundir as sábias (1Coríntios 1:27). O Senhor inverte a lógica do mundo, inverte a nossa lógica, para mostrar sua glória e seu poder.

Sou químico de formação e estudei Química por aproximadamente dez anos. Apesar de ter conhecido Cristo aos 6 anos de idade, a imersão no universo da ciência fez com que a lógica tivesse uma proporção significativa em minha maneira de pensar e ver o mundo. Por isso, minha fé foi afetada a ponto de meu coração se esfriar, levando-me a me afastar da vontade do Senhor. Mas não deixei de frequentar a igreja, apesar de estar presente como um zumbi. Digamos que era a casca que ia à igreja, assistia ao culto e ia embora. Porém, um dia, Deus me confrontou e questionou a minha lógica com o seu poder. E ele tem agido assim até hoje, de modo dinâmico. Creio que esse confronto não terá fim, e é por isso estaremos sempre "em obras".

No momento em que decidimos de fato viver o cristianismo, é natural que comecemos a chamar a atenção das pessoas à nossa volta. É natural que comecemos a causar incômodo. E é natural que elas comecem a achar que somos malucos. Tudo isso é normal porque o cristianismo é uma contracultura, ou seja, ele é a antítese do que este mundo aprecia e valoriza. Se o mundo aponta para um lado, o cristianismo sempre indicará o outro, pervertendo toda a lógica e a sabedoria humanas.

É sobre isso que iremos falar neste livro. Quero compartilhar com você um pouco do que Deus me ensinado nos últimos tempos acerca de sua lógica irracional de agir no mundo. São muitas as fontes que me têm proporcionado pensar neste assunto, mas a principal delas tem sido a vida do nosso amado pastor Márcio Valadão.

Nesses últimos anos tenho tido o privilégio de caminhar mais perto do pastor Márcio Valadão e tenho aprendido muito com seus ensinamentos. E foi justamente a partir de seus ensinos que nasceu *Paradoxos de Deus*. Trata-se de um amálgama de suas mensagens, e minhas próprias impressões e experiências nestas verdades da Escritura.

Que o Espírito Santo revele as verdades divinas ao seu coração e que você seja abençoado por meio dessa leitura!

RICHARDE GUERRA

CAPÍTULO **UM**

SABEDORIA E LOUCURA

Onde está o sábio? Onde está o erudito? Onde está o questionador desta era? Acaso não tornou Deus louca a sabedoria deste mundo?
1Coríntios 1:20

DIZ-SE QUE UMA DAS COISAS QUE DIFERENCIA os seres humanos dos animais é sua capacidade de raciocinar, por isso somos chamados de animais racionais. Mas raciocinar vai muito além de pensar, e também inclui a capacidade de chegar a conclusões, resolver problemas e fazer projeções. Tudo o que o cerca neste momento é fruto da habilidade de raciocínio de alguém, que produziu suas roupas, construiu o prédio (ou o meio de condução) em que você está ou projetou o local em que você se assenta.

O raciocínio, porém, não é útil apenas para produzir coisas. Ele nos ajuda a refletir sobre as coisas e, mais profundamente, sobre a existência delas. A história ocidental nos conta que os primeiros homens que fizeram do raciocínio uma ciência (ou, melhor dizendo, os primeiros dos quais se possui registro) foram os gregos, os grandes pensadores gregos da Antiguidade. A essa disciplina eles deram o nome de filosofia, que significa "amor por ciência, saber, conhecimento". Ela surgiu por volta do ano 600 a.C., como uma forma alternativa de pensar sobre o mundo e entender o porquê das coisas. Antes da filosofia, os eventos da vida eram geralmente explicados por religiões, tradições e mitos. Os deuses e os espíritos temidos em cada cultura eram considerados os responsáveis pelo nascer e pôr do sol, pelas estações do ano, guerras, doenças, pela fertilidade etc. — algumas sociedades mais isoladas conservam esse tipo de pensamento até os dias de hoje.

Na época de ouro do império grego, quando os cidadãos livres desfrutavam de prosperidade, paz e muito tempo livre, eles começaram a se dedicar ao cultivo da arte e do pensamento. Com isso, perceberam que alguns eventos da vida não eram causados pelo bom ou mau humor de determinado deus, mas tinham explicações naturais. Assim, a elite grega passou a buscar na razão, na lógica e nas coisas naturais as explicações para os eventos da vida, que antes eram fornecidas pelas diversas religiões.[1]

Juntamente com a prática da filosofia, os gregos também cultivaram a arte do falar em público, desenvolvendo saberes como a retórica e a oratória. Afinal, não bastava ser sábio: era preciso ter capacidade de apresentar em público suas ideias de maneira bela e convincente.

[1]GAARDER, Jostein. *O mundo de Sofia*. São Paulo: Cia. das Letras, 1995. p. 34,39,40.

A filosofia, o predomínio da razão, da eloquência e da lógica sobreviveram com passar do tempo e atravessaram as fronteiras do império grego. Toda a cultura ocidental continua marcada por essa forma de pensar, que funciona como parâmetro para avaliar o que é possível ou não, verdadeiro ou não. Tudo o que é ilógico e irracional já cai em descrédito ao ser reprovado no teste da sabedoria.

Por mais atual que essa condição pareça — soa quase como um retrato do mundo pós-moderno em que vivemos —, o apóstolo Paulo enfrentou o teste da lógica séculos atrás, na cidade de Atenas. Ele se deteve em diversos pontos da cidade "pregando as boas-novas a respeito de Jesus e da ressurreição" (Atos 17:18). Sua mensagem despertou a curiosidade dos filósofos e pensadores que não sabiam quem era aquele tal de "Jesus". Por isso, convidaram o ilustre estrangeiro para apresentar suas ideias no Areópago, o local em que os principais magistrados de Atenas se reuniam.

Chegados o dia e a hora marcados, Paulo começa a pregar, e sua palestra vai seguindo uma lógica que os gregos conseguiam acompanhar. O apóstolo faz referências às práticas religiosas deles (vs. 22-23) bem como à sua literatura (v. 28), mostrando que o Deus Criador dos céus e da Terra correspondia aos desejos dos corações gregos. Todos ouviam atentamente, porém, quando anuncia a encarnação de Deus, Jesus, e a sua ressurreição, a audiência se dispersa. Para os gregos, não fazia sentido que alguém pudesse ressuscitar. Essa era uma crença absurda e, por isso, os ouvintes zombam do apóstolo e não querem mais escutá-lo (v. 32).

A conversão
de alguém
como Dionísio
mostra que,
embora a lógica
e a sabedoria
humanas sejam
uma **barreira**
para a pregação,
o evangelho é
mais poderoso.

Paulo simplesmente se retira do meio deles. Porém, não sai sozinho. Dionísio, um dos membros do Areópago, crê em sua pregação e se une a ele, bem como mais homens e mulheres. O número dos que se converteram era pequeno; contudo, a conversão de alguém como Dionísio mostra que, embora a lógica e a sabedoria humanas possam ser uma barreira para a pregação, o evangelho é mais poderoso. Deus alcança os corações segundo a sua vontade, e cultura e costumes não podem impedi-lo de agir.

O evangelho, no entanto, ainda estava para se mostrar mais impetuoso, e isso se deu no ponto seguinte da viagem de Paulo: a cidade de Corinto. Embora Atenas seja hoje mais famosa, a cidade de Corinto era, na época, mais importante. Ela era a capital da província chamada Acaia, e também o centro econômico, religioso e turístico da região. Também possuía dois portos nos quais atracavam navios cargueiros que partiam do Império Romano em direção ao Oriente e vice-versa. Além disso, as estradas que cortavam a província da Acaia, de norte a sul, passavam obrigatoriamente por Corinto. Tudo isso tornava a cidade o lugar ideal para se fazer negócios. O fluxo de pessoas de diversas culturas e regiões do mundo antigo davam a Corinto aquela cara cosmopolita dos grandes centros urbanos, como as modernas Londres, São Paulo e Tóquio.[2] Certo comentarista bíblico escreveu que, em Corinto, "gregos, latinos, sírios, asiáticos, egípcios e judeus compravam e vendiam, trabalhavam e folgavam, brigavam

[2]*Manual bíblico de Halley*. São Paulo: Vida, 2011. p. 616.

e se divertiam juntos, na cidade e nos seus portos, como em nenhuma outra parte da Grécia".[3] Dessa forma, as últimas tendências do mundo desembarcavam primeiro em Corinto. A cultura e a filosofia gregas eram exportadas a partir desta cidade, e era ali que estas se amalgamavam aos pensamentos estrangeiros, criando um clima cultural único. O mundo todo estava lá, e de lá se chegava ao mundo inteiro. Em resumo, Corinto era uma cidade rica, ocupada e orgulhosa.

Paulo chegou a Corinto na metade do primeiro século, em sua segunda viagem missionária. Como de costume, dirigiu-se primeiro aos judeus, reunidos na sinagoga, porém, sofreu oposição (Atos 18:5-6). Não sabemos se isso o desanimou, mas, para não restar dúvidas de que seus passos eram conduzidos por Jesus, o Senhor se revela a ele numa visão e lhe dá a seguinte ordem: "Não tenha medo, continue falando e não fique calado, pois estou com você, e ninguém vai lhe fazer mal ou feri-lo, porque tenho muita gente nesta cidade" (v. 9-10). Com isso, o apóstolo permaneceu um ano e meio em Corinto e plantou ali uma igreja. O nascimento dessa igreja é uma prova viva e inegável de que, se a mensagem da cruz conseguiu atingir e transformar a vida de homens e mulheres de um ambiente como aquele, é porque ela é mesmo muito poderosa!

A IGREJA DOS PARTIDOS

Algum tempo depois de Paulo ter deixado Corinto, outro estrangeiro surgiu no cenário da igreja: Apolo. Não se sabe

[3]MORRIS, Leon. *1Coríntios: introdução e comentário*. São Paulo: Vida Nova, p. 12.

muito a respeito dele, mas Lucas o descreve como "homem culto", que tinha "grande conhecimento das Escrituras" (Atos 18:24) — a palavra "culto" pode ser traduzida também por "eloquente". Lucas nos conta ainda que Apolo era judeu, mas provinha de Alexandria, cidade famosa na Antiguidade por sua maravilhosa biblioteca. Uma das características dele era a pregação corajosa (v. 26), e Lucas relata que ele "refutava vigorosamente os judeus em debate público, provando pelas Escrituras que Jesus é o Cristo" (v. 28). Apolo era um grande pregador, daqueles que cativam grandes auditórios em todo o mundo com sua eloquência e poder na Palavra de Deus.

É de se esperar que os cristãos coríntios tenham ficado impressionados com Apolo, pois ele incorporava alguns atributos intelectuais que a cultura grega — em especial num grande centro como Corinto — admirava bastante. Sua forma de pregar era muito mais polida que a de Paulo, e a sua eloquência empolgava. É preciso levar em conta que nós, cristãos brasileiros no século 21, não tivemos a oportunidade de ouvir o apóstolo Paulo pregando. Tudo o que temos são os seus registros escritos. A julgar pelas suas cartas, podemos imaginar que Paulo era também muito culto, e logo poderíamos concluir que sua pregação era poderosa e eloquente, bastante articulada e persuasiva. Entretanto, na segunda carta aos coríntios, descobrimos que a pregação ao vivo de Paulo não era tão impressionante assim. Na carta, ele contesta os coríntios, que estavam dizendo que "as cartas dele [de Paulo] são duras e fortes, mas ele pessoalmente não impressiona, e a sua palavra é desprezível" (2Coríntios 10:10). Com isso, podemos concluir que o Paulo pregador não causava a mesma impressão que o

Paulo escritor, e que Apolo encheu os olhos — ou melhor, os ouvidos — daquele público apaixonado por um bom discurso.

É claro que Apolo não tinha a intenção de impressionar. O seu alvo, como o de Paulo, era de comunicar a salvação em Cristo da melhor maneira possível. Mas os coríntios não se importaram muito com a intenção porque, como o apóstolo escreveu, "observam apenas a aparência das coisas" (v. 7). Ao que tudo indica, com o ministério de Apolo, a igreja logo se dividiu em "panelinhas":

> Meus irmãos, fui informado por alguns da casa de Cloe de que há divisões entre vocês. Com isso quero dizer que algum de vocês afirma: "Eu sou de Paulo"; ou "Eu sou de Apolo"; ou "Eu sou de Pedro"; ou ainda "Eu sou de Cristo" (1Coríntios 1:11-12).

É claro que, como todo pecado, essas divisões internas enfraqueciam e ameaçavam a igreja, tão jovem. A pregação poderosa de Apolo fez com que alguns se identificassem *com ele*, e não com a mensagem, e assim nasceu o partido dos de Apolo. Outros, mais fiéis à tradição, mostraram que não iriam se apartar do fundador daquela congregação, então, deram início ao partido dos de Paulo. Outros foram ainda mais radicais e quiseram mostrar seu zelo, demonstrando-se fiéis nem a Paulo, nem a Apolo, mas a Pedro,[4] apóstolo e pregador mais antigo da cristandade, e assim foi criado o partido dos de Pedro.

[4]Algumas traduções trazem "Cefas", que é a versão aramaica do nome "Pedro".

Por fim, levantaram-se aqueles que se consideravam superiores a todos, afirmando que não possuíam sobre si nenhuma autoridade humana, senão unicamente a de Cristo, e assim não precisavam de pastores e nem apóstolos para os conduzirem. Era o partido dos de Cristo.

Obviamente esses partidos não foram surgindo exatamente assim, um após o outro, mas o que fica evidente é que a igreja estava dividida, com grupos competindo entre si na defesa de um estilo de pregação, de tradição ou qualquer outra coisa do tipo. Mesmo aqueles que se definiam "de Cristo" o faziam num espírito de competitividade e superioridade. Se fossem realmente de Cristo, não se agrupariam em partidos, mas promoveriam a paz, como o Senhor ensinou que seus discípulos deveriam fazer.

É de se notar que nenhum dos três homens que os partidos "representavam" — Paulo, Apolo e Pedro — proclamava uma mensagem diferente dos demais. O foco de todos era mostrar que Jesus era o Messias anunciado por Deus desde os tempos antigos, o qual havia ressuscitado dentre os mortos. O que diferia era o estilo de cada um anunciar essa mesma mensagem. Assim, no fim das contas, os coríntios não estavam divididos por causa de doutrinas ou assuntos realmente relevantes, mas por questões relacionadas à oratória humana.

Nesse cenário, Paulo começa a tratar da sabedoria humana *versus* poder divino: "Acaso Cristo está dividido? Foi Paulo crucificado em favor de vocês? Foram vocês batizados em nome de Paulo?" (v. 13). As perguntas são retóricas, porque a resposta é um sonoro "Não". Eles não haviam sido feitos igreja por causa da atuação de Paulo, nem de Apolo, e nem de Pedro (que, ao que consta, jamais esteve em Corinto). Eles se tornaram Corpo e Igreja por causa de Cristo, em cujo nome obtiveram salvação e perdão dos pecados. Paulo deixa isso claro na abertura da carta:

> Sempre dou graças a meu Deus por vocês, por causa da graça que lhes foi dada por ele *em Cristo Jesus*. Pois *nele* vocês foram enriquecidos em toda palavra e em todo conhecimento, porque o testemunho *de Cristo* foi confirmado entre vocês. [...] *Ele* os manterá firmes até o fim [...]. Fiel é Deus, o qual os chamou à comunhão com seu Filho *Jesus Cristo*, nosso Senhor (vs. 4-6,8,9, grifo nosso).

Repare como Cristo está presente em tudo: ele é o canal que trouxe a graça de Deus à igreja, nele a igreja foi enriquecida com conhecimento e Palavra, é dele que a igreja testifica, é ele quem os manterá firmes e é nele que está baseada a comunhão da igreja — em suma, tudo volta para Cristo, para poder de sua obra. Estilos de pregação e pregadores não salvam pessoas.

O quanto os séculos que nos separam dos coríntios nos fizeram, como cristãos, amadurecer nesse ponto e nos levaram a considerar mais do que a mera aparência das coisas? Não estamos presos ainda nos mesmos grupinhos que dividem igrejas, denominações — o Corpo de Cristo — por causa de aparências, como se deles dependesse a nossa salvação?

O duelo da sabedoria humana *versus* poder divino não é uma questão cultural, mas um produto do pecado do coração humano. Apreciar a sabedoria humana, ainda que seja a

A **ciência humana** pode ter sido capaz de levar o homem à lua, mas **é incapaz de conduzi-lo a Deus**.

sabedoria de outra pessoa, conforta o nosso ego, iludindo-nos com a possibilidade de que eu posso fazer algo por mim. Eu posso salvar-me, santificar-me, ensinar-me, purificar-me e tudo o mais — a sabedoria humana me exalta.

Entretanto, o poder de Deus me humilha. Ele estampa perante o cosmos, em letras garrafais, que eu não posso salvar a mim mesmo. Que a sabedoria do homem, cultivada com cuidado pelas grandes mentes de todos os séculos, podem ter descoberto a cura de terríveis doenças, mas foi incapaz de curar seu próprio coração. A ciência humana pode ter sido capaz de levar o homem à lua, mas é incapaz de conduzi-lo a Deus.

Paulo confronta esse espírito de arrogância presente em cada ser humano, de todos os lugares, idades e épocas quando diz: "Pois a mensagem da cruz é loucura para os que estão perecendo, mas para nós, que estamos sendo salvos, é o poder de Deus" (v. 18). Loucura e sabedoria embebidas numa mesma mensagem.

Você já deve ter visto uma figura de ilusão de ótica que contém, ao mesmo tempo, duas imagens distintas. O que você conseguirá ver depende de onde focar seus olhos. Como numa dessas figuras de ilusão de ótica, a mensagem da cruz significa, ao mesmo tempo, perdição para os arrogantes e salvação para os humildes. A mesma cruz, a mesma mensagem, porém, duas consequências.

Não se trata de relativismo, mas de foco. Ou seja, quem olhar para a cruz a partir do foco humano verá loucura, mas quem a contemplar com o foco de Deus encontrará poder.

A mensagem da cruz extrapola toda lógica humana, chegando a parecer absurda. Recentemente, na Páscoa, um filósofo britânico expressou sua perplexidade diante da história da morte e ressurreição de Jesus: "Como as pessoas podem realmente crer numa coisa dessa? Sair do túmulo nem é a parte mais irracional da história da Páscoa. Ainda mais bizarra é a afirmação de que Deus mandou seu Filho para morrer pelos nossos pecados".[5]

Sim, e podemos dizer que a bizarrice ainda não acabou. Esse Cristo que morreu pelos nossos pecados, e que ressuscitou porque a morte não podia detê-lo (Atos 2:24), voltará e ressuscitará para uma vida eterna todas as pessoas que creem que ele é Deus, o Salvador dos homens.

Para aqueles que não foram iluminados pelo Espírito Santo, para aqueles que contam apenas com o que a mente humana, degenerada pela queda e pela ausência de Deus, consegue alcançar; para estes, a crença na cruz e em toda a mensagem revelada por Deus não passa de contrassenso. Acreditam que é necessário "superar" sua própria racionalidade para crer nessas coisas.[6] Na verdade, não se trata de superar a lógica e a racionalidade, pois essas foram dádivas que o próprio Deus concedeu. Em vez disso, é uma questão de reconhecer que nossa sabedoria humana não dá conta de explicar Deus e

[5]BAGGINI, Julian, "Atheists who bring logic to the Easter story are missing the point" [Ateus que olham a Páscoa segundo a lógica estão perdendo o ponto]. *The Guardian*. Disponível em: <www.theguardian.com/commentisfree/2018/apr/01/atheists-logic-easter-faith-belief>. Acesso em: 26 jun. 2018.

[6]"Religious faith: rational or rationalization?" [Fé religiosa: racional ou racionalização?]. Entrevista de Julian Baggini para o site Closer To Truth. Disponível em: <www.closertotruth.com/series/religious-faith-rational-or-rationalization#video-1742>. Acesso em: 26 jun. 2018.

que há eventos que simplesmente desafiam e ultrapassam o nosso entendimento. Dessa forma, a fé não é um exercício de "superar" ou "suprimir" minha capacidade intelectual, mas de reconhecer com humildade que ela é inútil para resolver meu maior problema: minha carência da glória de Deus.

Como se pode imaginar, esse não é um exercício simples e nem atrativo de se fazer, por isso alguns ateus sinceros e simpáticos preferem declarar: "Eu até gostaria de crer em Deus, mas não consigo".

O COMANDANTE E O REI

O orgulho humano sempre foi um obstáculo para o agir do Senhor. Ao longo das Escrituras vemos vários testemunhos e reformulações da verdade de que "Deus se opõe aos orgulhosos, mas concede graça aos humildes" (Tiago 4:6).

Isso se mostra cristalino na história do comandante sírio Naamã, registrada em 2Reis 5. Ele era um grande guerreiro, braço direito do rei da Síria, mas ficou leproso. Sua criada, uma menina que fora capturada e escravizada numa guerra da Síria contra Israel, contou à esposa de Naamã a respeito de um profeta que poderia curá-lo. A esposa contou ao comandante, que fez os preparativos e partiu rumo à cidade de Samaria, em Israel. Após alguns percalços, Naamã e seu séquito finalmente chegam à porta da casa de Eliseu, o profeta. Para sua surpresa e desfeita, quem atende à porta não é o profeta, mas um mensageiro, com um recado curto e grosso: "Vá e lave-se sete vezes no rio Jordão; sua pele será restaurada e você ficará purificado" (v. 10). Os versos seguintes recontam claramente a reação do comandante:

> Naamã ficou indignado e saiu dizendo: "Eu estava certo de que ele sairia para receber-me, invocaria em pé o nome do SENHOR, o seu Deus, moveria a mão sobre o lugar afetado e me curaria da lepra. Não são os rios Abana e Farfar, em Damasco, *melhores do que todas as águas de Israel?* Será que não poderia lavar-me neles e ser purificado?" E foi embora dali furioso (vs. 11-12).

Naquele momento, havia apenas uma coisa que se interpunha entre o comandante e a cura: seu próprio orgulho. Lavar-se no Jordão requeria mais que se despir de suas finas vestes. Demandava despojar-se da presunção que carregava como um troféu simbólico das vitórias que colecionava. Lavar-se no Jordão era admitir sua finitude, sua pobreza interior.

Quando o orgulho do comandante se desmanchou nas águas humildes do Jordão, então ele foi curado. Que contraste em relação ao Salvador, que séculos mais tarde banhou-se nessas mesmas águas em seu batismo! Diferentemente de Naamã, ele não foi a Israel para ser curado, mas para trazer a cura a todos os povos. Não recebeu de um mensageiro de profeta a indicação do que deveria fazer, mas era ele mesmo a mensagem e o cumprimento de toda profecia dada pelo Pai. Naamã achou que as águas do Jordão não eram capazes de conter sua glória, mas o Filho de Deus se despiu da sua glória ao lado do Pai para mergulhar naquelas águas como um de nós.

Naamã representa a sabedoria do mundo; já Cristo crucificado é a encarnação da loucura de Deus.

O Senhor Jesus demonstrou o poder do Pai exatamente da forma como nós, Naamãs modernos, escolheríamos *não* fazer.

Naamã achou
que as águas do
Jordão não eram
capazes de conter
sua glória, mas o
**Filho de Deus
se despiu** da sua
glória ao lado do
Pai para mergulhar
naquelas águas
como um de nós.

"Se Deus realmente quisesse que toda a humanidade prestasse atenção à sua mensagem, por que o Cristo ressurreto se revelou apenas a um pequeno grupo de pessoas antes de ascender ao céu?" Essa é uma pergunta de Julian Baggini, o filósofo que citei anteriormente, mas ela pode encontrar eco, muitas vezes, em nosso próprio coração. Por que Jesus não desceu dos céus com anjos e fogo logo da primeira vez, para que o mundo cresse? Por que não permanece na Terra até hoje, para que todos vissem que ele está vivo e é real? Existem explicações teológicas para isso, mas há também o fato, apresentado por Paulo, de que "agradou a Deus salvar aqueles que creem por meio da loucura da pregação" (1Coríntios 1:21).

A pregação do evangelho é, em si, um ato simples. Não se trata de uma cerimônia, não requer um ritual como o que Naamã esperava ter. Aquele que se submete à pregação está totalmente passivo e encontra-se humilhado pela impossibilidade de contribuir para sua própria salvação.

Assim, a pregação do evangelho nos coloca na condição de Naamã e requer que creiamos no Salvador do Jordão, simples, manso, despojado.

> Ele cresceu [...] como um broto tenro, e como uma raiz saída de uma terra seca. Ele não tinha qualquer beleza ou majestade que nos atraísse, nada havia em sua aparência para que o desejássemos (Isaías 53:2).

Se Cristo tivesse vindo, na primeira vez, com a opulência e abastança dos rios de Damasco, talvez muitos creriam. Mas talvez não cressem nele, e sim na glória que o rodeia, no poder que visivelmente emana de suas mãos, e amariam mais suas bênçãos do que sua Pessoa. Mas o evangelho nos convida a crer num Salvador pregado na cruz, nu, humilhado, ridicularizado e aparentemente derrotado; e apenas depois o revelará glorioso, exaltado e vencedor.

A salvação só vem quando há humildade. Qualquer outro meio de salvação pode parecer mais viável e mais inteligente, mas nenhum deles confronta o mal do orgulho humano, o primeiro muro que erguemos em nosso coração contra o agir de Deus. O que se baseia em sabedoria humana não é eficaz contra o pecado, a lepra espiritual que consome o nosso ser.

Tudo isso me faz crer que contrariar o "bom senso" humano parece ser a forma que Deus escolheu se revelar e, assim, se opor à glória humana, baseada no pecado. Desde eras antigas, o Senhor resiste aos arrogantes, e propositalmente age de modo a confundir e envergonhar aqueles que se orgulham de quem são e do que sabem, "pois está escrito: 'Destruirei a sabedoria dos sábios e rejeitarei a inteligência dos inteligentes'" (1Coríntios 1:19).

O Senhor não se opõe à sabedoria e à inteligência de modo geral, mas à sabedoria que os *sábios* atribuem a si mesmos e à inteligência que os *inteligentes* dizem ter. Ambas derivam de Deus, são dons que o Criador derramou sobre os homens como parcela do que significa ser sua imagem e semelhança. Todavia, o pecado convenceu o homem de que pode, por sua própria sabedoria, ser tão sábio quanto Deus, ou ainda mais. Foi isso que Eva cobiçou no Éden e o que desejou o povo em Babel; foi também o que tirou Nabucodonosor do trono e o que condenou Herodes à morte.

No entanto, o poder de Deus, revelado em sua sabedoria divina, ou despedaça, ou exalta. Não há meio-termo. Ele despedaça o que que se opõe, pois é mais forte que qualquer um que possa resistir e desprezá-lo. Uma vez que todo orgulho e arrogância humanos são desafios lançados contra o Senhor e o seu Ungido, são irremediavelmente destruídos e impiedosamente aniquilados.

Contudo, aquele que não se opõe, mas se rende sem resistir, esse experimenta a graça e o poder de Deus atuando *dentro* dele, e não *contra* ele. Alcança, então, a glória que não buscou, testemunha das maravilhas que não desejou para si. O Senhor faz o extraordinário a partir do que é desprezado, com o fim de demonstrar que seu poder não necessita da nossa grandeza, mas se exalta em nossa pequenez.

LOUCOS E SEM REPUTAÇÃO

A pregação do evangelho é, sem dúvida, o método de salvação mais *impopular* do mundo. Ele consegue ofender todas as cosmovisões, e não há qualquer contexto cultural ou social em que o evangelho pareça mais agradável do que nos demais. É assim porque o poder, a capacidade ou a peculiaridade que define cada grupo humano são confrontados e ofendidos com a notícia de que ainda precisam de um Salvador. Não há exceções: gremistas e atleticanos, veganos e carnívoros, de esquerda e de direita — o evangelho do Cristo crucificado se mostra escandaloso e vergonhoso para todos esses grupos.

O mesmo aconteceu com os grupos culturais que Paulo encontrou em Corinto: judeus e gregos. A mensagem da cruz era “escândalo para os judeus e loucura para os gentios”

(1Coríntios 1:23b). Mesmo assim, o que as pessoas pensavam acerca do evangelho não impediu Paulo de pregá-lo, pois ele sabia que era "poder de Deus para a salvação de todo aquele que crê; primeiro do judeu, depois do grego" (Romanos 1:16).

Paulo não se envergonhava desse evangelho que ofendia e confundia. Isso, todavia, não era uma questão de colocar no carro um adesivo com os dizeres "Orgulho de ser crente", mas de anunciar o Cristo crucificado.

Se o evangelho é loucura, aquele que o prega não deve esperar ser visto como nada além de louco. O mundo olha para a pessoa que abraça a fé e a considera maluca. O ateu que diz que gostaria, mas não consegue crer em Deus, pode parecer respeitoso, mas considera o crente em Cristo uma verdadeira aberração. E talvez seja por isso que não "consegue" crer: porque não vê nenhuma possibilidade de glória ou de lucro na fé.

Não queremos, muitas vezes, esse rótulo de louco. No ambiente de trabalho, de estudo e na família, buscamos nos comportar como os demais, para que nos considerem "normais", como eles. O desconforto, contudo, é inevitável. Mais que isso, foi predito por Jesus que:

> "Se vocês pertencessem ao mundo, ele os amaria como se fossem dele. Todavia, vocês não são do mundo, mas eu os escolhi tirando-os do mundo; por isso o mundo os odeia. Lembrem-se das palavras que eu lhes disse: Nenhum escravo é maior do que o seu senhor. Se me perseguiram, perseguirão também vocês. [...] Tratarão assim vocês por causa do meu nome, pois não conhecem aquele que me enviou" (João 15:18-21).

Não se espante quando, no seu trabalho, descobrirem que você é evangélico e começarem a encará-lo como maluco. E não fique surpreso se os olhares desconfiados e condescendentes crescerem para o seu lado à medida que você prega e vive o evangelho, porque, para os que se perdem, essas palavras e esse estilo de vida são uma grande loucura.

Não se espante e nem se preocupe porque isso não é um problema, acredite! O problema surge quando sentimos medo e vergonha de sermos vistos como loucos. Esse desejo de autopreservação, desconhecido por Paulo e pelos demais apóstolos e irmãos da igreja nascente, nos faz calar, nos esconder, nos camuflar e nos conformar a este mundo. Porque viver o evangelho, pregar o evangelho, testemunhar do evangelho sempre farão o crente em Cristo andar contra a corrente da lógica mundana.

O perigo se intensifica quando o sentimento de autopreservação nos impede, como consequência, de testemunhar do evangelho. Você, por exemplo, está no hospital, visitando alguém, e Deus lhe diz: "Coloque a mão sobre ele e ore. Eu quero curá-lo". A proposta é boa, mas você não está sozinho naquele recinto, então, seu coração cogita: "Essas pessoas acharão que sou maluco!". Ou você está no ônibus, e o Senhor ordena: "Pregue o evangelho para esta pessoa ao seu lado, quero salvá-la". Seu coração racionaliza: "O que ela vai pensar de mim? Vai achar que sou um psicopata, um maluco!".

Muitas vezes não nos entregamos à loucura do evangelho porque estamos muito preocupados com nossa reputação. Preocupamo-nos demais com o que os outros pensarão a nosso respeito. Mas quando analisamos o ministério de Jesus registrado nos evangelhos, percebemos uma preocupação que

Muitas vezes não
nos entregamos
à **loucura do
evangelho**
porque estamos
muito preocupados
com nossa
reputação.

ele *não* teve foi sobre o que os outros pensariam a seu respeito. Jesus não se preocupou em agradar os fariseus ou publicanos, zelotes ou herodianos, saduceus ou romanos. Ele não estava preocupado com a opinião dos outros quando ceou com o corrupto Zaqueu, conversou com a impura samaritana, recebeu a adoração de uma meretriz, tocou um leproso rejeitado. Jesus não se preocupava com que os outros pensavam sobre ele. O verdadeiro cristão, de igual modo, não se preocupa em construir uma reputação aos olhos humanos, mas em forjar em si mesmo o caráter de Cristo. Não precisamos de reputação, mas de caráter.

ILUSTRES E INSIGNIFICANTES

Afinal, não foi nossa reputação que levou o Senhor a nos chamar:

> Irmãos, pensem no que vocês eram quando foram chamados. Poucos eram sábios segundo os padrões humanos; poucos eram poderosos; poucos eram de nobre nascimento (1Coríntios 1:26).

Geralmente fazemos nossas escolhas nivelando por cima. Queremos sempre o que será o melhor ou, talvez, o mais adequado dentro das condições que idealizamos. Deus, em sua loucura, faz o inverso: ele pega o que é menos.

Para revelar sua lei e transmiti-la ao mundo, Deus separa um povo, Israel. Mas não havia nada em Israel que justificasse essa escolha, como o Senhor lhes revelou: "O Senhor não se afeiçoou a vocês nem os escolheu por serem mais numerosos do que os outros povos, pois vocês eram o menor de todos os povos. Mas foi porque o SENHOR os amou e por causa do juramento que fez aos seus antepassados" (Deuteronômio 7:7-8b).

Jesus, Deus encarnado, utiliza o mesmo princípio para compor o seu seleto grupo de apóstolos. Quem você convocaria para formar a sua seleção? Jesus chama os pernas-de-pau, os frangueiros e os fora de forma. Seus doze discípulos eram homens rudes, semianalfabetos, medrosos, sem trato com as pessoas. Jesus poderia ser considerado um desastre como diretor de Recursos Humanos, no entanto, ele não selecionou esses homens por falta de opção, tampouco porque o coração deles era puro e temente — o principal deles o negou e o pior o traiu. O chamado feito por Jesus se baseou no seu amor pelos seus (cf. João 15:9). Quis que compartilhassem de sua glória e a vissem (cf. João 17:22,24), e que o restante do mundo testemunhasse de sua graça divina transbordando e superando a limitação de seus discípulos.

Esse louco padrão segue pelas páginas do livro de Atos, quando a igreja nasce e toma corpo. Entre os primeiros convertidos estão mendigos, hipócritas, escravos, assassinos, entre outras testemunhas nada ilustres desse poder transformador e enlouquecedor. Foi a esses insignificantes e desprezados que Jesus deu o privilégio de alcançar até os confins da terra com a boa notícia da cruz. E além da poderosa mensagem que transmitiram, sua própria vida evidenciava o poder de Deus.

O que mudou de lá para cá? Precisamos abandonar nosso orgulho e afirmar com convicção: nada! Continuamos a engrossar as fileiras de oprimidos, despreparados, limitados e perdidos que seguem o Mestre. O padrão ainda se mantém e não somos os melhores exemplares de nossa geração. Há muitos outros mais inteligentes, influentes, dedicados, amistosos e engajados do que nós, mas o Senhor persiste em chamar a loucura deste mundo para que "ninguém se vanglorie diante dele" (1Coríntios 1:29).

Assim, o cristão que foi regenerado e age pelo poder do Espírito é um retrato da plena bondade de Deus. Ele não faz nada por mérito próprio, pois era apenas a menor de todas as opções que Deus possuía. Suas boas atitudes, seu amor pelo próximo, seu poder para atuar em nome de Jesus não é fruto da própria capacidade ou de algo que tenha conquistado. Tudo é apenas por causa da bondade de Jesus em escolher os menores para serem receptáculos da sua glória e do seu poder.

Ousaria dizer que ele não nos escolheu *apesar* da nossa insignificância, mas *por causa* dela. Jesus nunca chamou quem tem algo a acrescentar no seu Reino. Isso daria a glória ao homem, quando este, na verdade, não tem do que se gloriar, pois "o que você tem que não tenha recebido?" (1Coríntios 4:7). Toda glória pertence a Deus e tudo foi feito e dado aos homens por Deus: força e energia, capacidade e ânimo, alimento e saúde. Tudo vem das mãos do Senhor, "porque ele mesmo dá a todos a vida, o fôlego e as demais coisas" (Atos 17:25).

Nossa honra deve ser apenas uma: a de termos sido chamados pelo Senhor para fazer sua obra. Dessa forma, somos convidados a abrir mão dos méritos que acumulamos se queremos evidenciar o poder de Cristo. Somos incentivados a seguir o exemplo da loucura do Filho, que não se não "considerou que o ser igual a Deus era algo a que devia apegar-se, mas esvaziou-se a si mesmo" (Filipenses 2:6-7b). E devemos buscar, a cada dia, fazer nossas as palavras de Paulo, o qual considerou qualquer lucro "como perda, por causa de Cristo":

> Mais do que isso, considero tudo como perda, comparado com a suprema grandeza do conhecimento de Cristo Jesus, meu Senhor, por quem perdi todas as coisas. Eu as considero como esterco para poder ganhar a Cristo e ser encontrado nele [...]. Quero conhecer Cristo, o poder da sua ressurreição e a participação em seus sofrimentos, tornando-me como ele em sua morte para, de alguma forma, alcançar a ressurreição dentre os mortos (Filipenses 3:7-9a,10).

CAPÍTULO **DOIS**

VISÍVEL E INVISÍVEL

Pela fé entendemos que o universo
foi formado pela palavra de Deus,
de modo que aquilo que se vê
não foi feito do que é visível.
HEBREUS 11:3

UMA DAS MAIORES DIFICULDADES do nosso mundo materialista é lidar com as coisas que que não podemo ver. As emoções, o futuro, as crenças, os espíritos — tudo isso que não pode ser percebido e analisado por meios concretos — ou é desprezado ou é mal compreendido.

A Bíblia une essas duas dimensões — o visível e o invisível — como nenhuma outra filosofia ou ciência consegue juntar. O invisível age no visível, dando e tomando forma, mas o visível também age no invisível dando e recebendo poder. Estas duas dimensões não se excluem, não se separam, não se estranham, mas se unem e coexistem neste exato momento, uma interferindo e recebendo interferência da outra.

Visível e invisível fazem parte do nosso mundo, desta realidade, porque tem sido assim desde o começo. Lemos na primeira página das Escrituras que "No princípio Deus criou os céus e a terra" (Gênesis 1:1). Ora, a terra — tudo o que é visível e tangível — foi criado por um Ser que é somente espiritual. E o método que esse Ser espiritual empregou para criar as coisas materiais foi usando um elemento que está ali no limite do visível/invisível: a sua voz:

> "Disse Deus: 'Haja luz', e houve luz" (Gênesis 1:3).

> [Deus] chama à existência coisas que não existem, como se existissem (Romanos 4:17).

A voz faz parte do mundo material porque ela possui vibrações, possui timbres, possui duração e possui intensidade; mas, ao mesmo tempo, ela não tem corpo, não tem peso, não tem moléculas. O Deus invisível criou coisas visíveis chamando-as à existência pela sua voz.

Mas o mistério do visível/invisível, no decurso da Palavra de Deus, só se adensa. Ainda em Gênesis, nas páginas da criação, o Criador dá uma ordem: um ato visível (comer o fruto de certa árvore) traria terríveis consequências invisíveis (a morte do desobediente). Essa morte, como bem se sabe, não era uma morte física, mas espiritual, pois Adão e Eva continuam vivos depois de comer da árvore; porém, em seu espírito, morreram.

Tem-se um problema cósmico visível e invisível, e o Criador intervém mais uma vez, fazendo o impensável. O invisível não somente interfere no visível, mas se amalgama a ele, tornando-se algo único, nunca visto antes na criação: "Aquele que é a Palavra tornou-se carne e viveu entre nós. Vimos a sua glória, glória como do Unigênito vindo do Pai, cheio de graça e de verdade" (João 1:14).

Aquela Palavra que chamou tudo à existência agora, ela mesma, recebe corpo como de suas criaturas não apenas por um instante, para uma tarefa específica, mas para *viver* entre as suas criaturas como uma delas. O invisível torna-se visível, palpável, para resolver aquela questão cósmica que exigia, para sua resposta, um Deus-homem: "Porquanto há um só Deus e um só Mediador entre Deus e os homens, Cristo Jesus, *homem*" (1Timóteo 2:5).

Anos após a encarnação do Verbo, depois de sua vida e morte, ressurreição e ascensão, mais uma vez a Trindade rompe as barreiras do visível/invisível quando o Santo Espírito é derramado sobre os homens e passa a habitar dentro deles.

> Acaso não sabem que o corpo de vocês é santuário do Espírito Santo que habita em vocês, e que lhes foi dado por Deus, e que vocês não são de si mesmos? (1Coríntios 6:19).

Dessa forma, no corpo físico do cristão, junto com seus órgãos e cadeias de DNA está também o Espírito Santo de Deus, morando nele.

Desse modo, assim como de muitos outras, as fronteiras entre o que é visível e o que é invisível se anulam e se mesclam na história da humanidade. Porém, embora ambas sejam reais e estejam unidas, só há um meio de reconhecer essas duas dimensões e transitar por elas: pela fé.

A CHAVE DOS DOIS MUNDOS

O que é fé?

A carta aos Hebreus continua sendo nossa melhor guia nesse assunto. Ela ensina que "Ora, a fé é a certeza daquilo que esperamos e a prova das coisas que não vemos" (Hebreus 11:1). Não há definição mais completa e exata que esta. Fé é "certeza" e "prova". Essas duas palavras representam o caráter da genuína fé: ela se baseia unicamente na Palavra de Deus e, portanto, não exige evidências visíveis, mas simplesmente crer nessa Palavra e agir de acordo.

Quando você acredita somente no que vê, encontra-se no mesmo patamar de alguém que não acredita em Deus. Mas quando acredita em coisas que não vê, ou que ainda não pode ver, está exercendo a fé. Com isso, não quero dizer que você tem de ter uma visão sobrenatural capaz de ver anjos e demônios. Falo sobre enxergar além das circunstâncias, como aconteceu com Eliseu.

Eliseu era profeta no território de Israel. Ele foi sucessor do grande Elias e recebeu porção dobrada de seu espírito profético (1Reis 2:9-13). Certa feita, numa guerra entre Israel e Síria, o Senhor fez de Eliseu sua principal arma. Ele revelava ao profeta onde os sírios haviam armado emboscada, e Eliseu mandava mensageiros ao rei de Israel. Como você pode imaginar, o rei sírio ficou perplexo e achou que houvesse algum traidor entre seus homens. Entretanto, logo foi informado de que quem denunciava seus planos ao inimigo era Eliseu. Ao descobrir onde este vivia, o rei mandou para lá uma grande tropa, com cavalos e carros de guerra, que cercou a cidade. Seu objetivo era capturar o profeta.

A **fé** se baseia
unicamente na
Palavra de Deus
e, portanto,
**não exige
evidências
visíveis**, mas
simplesmente **crer**
no que foi dito e
agir de acordo.

A Bíblia relata que, no dia seguinte, o servo de Eliseu levantou bem cedo de manhã e se deparou com as tropas sírias, que cercavam a cidade. Ele ficou com medo e perguntou ao seu senhor: "O que faremos?". A resposta de Eliseu é tremenda:

> "Não tenha medo. Aqueles que estão conosco são mais numerosos do que eles". E Eliseu orou: "SENHOR, abre os olhos dele para que veja". Então o SENHOR abriu os olhos do rapaz, que olhou e viu as colinas cheias de cavalos e carros de fogo ao redor de Eliseu (2Reis 6:16-17).

Nem sempre teremos o privilégio de, como o servo de Eliseu, ver o mundo invisível invadindo o mundo visível. Porém, a maior experiência que o mundo pôde ter nesse sentido, nós já a tivemos pela fé, que é crer e provar do Verbo encarnado.

Há ainda outras realidades que só podem ser vistas e compreendidas pela fé. A Palavra nos diz, por exemplo, que Deus criou o mundo. No entanto, apesar de esse ser um fato histórico — ou seja, ter acontecido dentro da história humana —, ele só pode ser aceito pela fé: "Pela fé entendemos que o universo foi formado pela palavra de Deus, de modo que aquilo que se vê não foi feito do que é visível" (Hebreus 11:3). Sem fé, ninguém pode crer na criação, por mais que todas as evidências apontem para isso.

A fé, contudo, não é necessária apenas para crer no invisível, como também para se relacionar com ele. O autor da carta aos Hebreus ainda escreve que "Sem fé é impossível agradar a Deus, pois quem dele se aproxima precisa crer que ele existe e que recompensa aqueles que o buscam" (v. 6).

Desse modo, a grande chave de ignição da vida cristã é a fé. Essa palavra tão pequena, de apenas duas letras, é praticamente a base sobre a qual se apoia a vida cristã: "Porque vivemos por fé, e não pelo que vemos" (2Coríntios 5:7). Ela é o único meio pelo qual podemos nos relacionar com Deus e viver na abundância de tudo o que ele nos ofereceu a partir da cruz.

Se a fé exige crer, então seu inimigo da fé não é a descrença, mas a dúvida. Isso porque se não há crença, então não há fé, e onde a fé não existe, ela não pode ser ameaçada. Mas a dúvida, por sua vez, só pode nascer onde há fé, ou seja, no coração de quem crê em Deus. Ela é maligna e letal porque coloca em xeque o poder e o caráter do Senhor, nos quais nossa fé está baseada. Tiago, irmão de Jesus, em sua carta à igreja, fala sobre fé e dúvida:

> Se algum de vocês tem falta de sabedoria, peça-a a Deus, que a todos dá livremente, de boa vontade, e lhe será concedida. Peça-a, porém, com fé, sem duvidar, pois aquele que duvida é semelhante à onda do mar, levada e agitada pelo vento. Não pense tal pessoa que receberá coisa alguma do Senhor, pois tem mente dividida e é instável em tudo o que faz (Tiago 1:5-8).

Nesse texto, Tiago está falando especificamente de sabedoria. O resumo de seu ensino é: se você precisa de sabedoria, peça-a a Deus e a receberá. Ponto final. Contudo, ele coloca uma condição: peça-a com *fé*. Por que essa condição?

Às vezes compreendemos melhor o funcionamento das coisas quando analisamos o contrário do que elas são e fazem.

Tiago parece saber disso, pois explica o que significa pedir com fé pelo seu antônimo: "sem *duvidar*". Aquele que pede sabedoria a Deus, mas duvida que ele irá atendê-lo, seja lá quais forem as razões para isso, não receberá a sabedoria que pediu nem "coisa alguma do Senhor, pois tem mente dividida e é instável em tudo o que faz".

Quem não crê em Deus, quem não se aproxima dele, não pode ter sua fé abalada porque ela nem existe. Assim, a dúvida é uma ameaça somente ao que crê. Trata-se de uma semente do mal semeada pelo Maligno, uma flecha em chamas atirada contra o coração do cristão, a qual uma vez germinada, uma vez cravada, faz com que seus efeitos se espalhem por todo o ser. Aquele que abriga a dúvida em seu coração está condenado a uma vida medíocre, carente de poder e ousadia do Espírito.

O que a dúvida semeia? Ela semeia o contrário da fé. Se a fé é baseada em "certeza" e "provas das coisas que não vemos", num primeiro momento a dúvida planta *incertezas* acerca do amor de Cristo por você. São aqueles momentos em que você se pega pensando: "Deus não se importa comigo. Deus não me ama. Deus não está nem aí pra mim!". E de onde a dúvida retira tais incertezas? A partir de falsas provas colhidas *das coisas que se veem*. A dúvida faz você tirar os seus olhos da pessoa de Cristo e focá-los ao redor de si, levando-o a pensar: "A partir de tudo o que estou *vendo*, posso concluir que Jesus não me ama como disse ou que não tem poder para cuidar de mim como prometeu".

Certamente o mundo à nossa volta nos dará muitas provas e certezas contra Deus. No entanto, como dissemos, a caminhada do cristão não está baseada no que pode ser visto, mas no Deus invisível, que opera também de modo invisível em nossa história. Assim, para não sermos enganados e nem desistirmos, precisamos esclarecer três pontos a respeito do que *não* é fé.

1. Fé não é sentimento

Sentimento também é algo invisível, mas a fé não faz parte do reino das emoções. Ela está acima dos sentimentos e não pode ser moldada ou afetada por eles.

Muitas pessoas fracassam em sua caminhada cristã porque confundem fé com sensações. Acham que, por não estarem "sentindo" a presença ou o agir de Deus, o Senhor não é presente ou atuante. Elas associam sua fé a um "arrepio", a uma euforia, porém, esses fatores que se manifestam no nível da alma humana não indicam a presença ou a qualidade da fé.

A fé genuína opera no *espírito*, ela não depende das disposições da alma. Vemos o maior exemplo disso na vida de Abraão, chamado na Bíblia de "o pai da fé" (cf. Romanos 4:11). O Antigo Testamento narra um momento tremendo, mas também terrível, na vida de Abraão:

> Passado algum tempo, Deus pôs Abraão à prova, dizendo-lhe: "Abraão!".
>
> Ele responde: "Eis-me aqui".
>
> Então disse Deus: "Toma seu filho, seu único filho Isaque, a quem você ama, e vá para a região de Moriá. Sacrifique-o ali como holocausto num dos montes que lhe indicarei" (Gênesis 22:1-2).

A **fé genuína** opera no **espírito**, ela não depende das **disposições** da alma.

Enquanto caminhava rumo a Moriá, lugar em que faria o sacrifício, Abraão deve ter sentido todo tipo de sensação. Muitas interrogações talvez surgiram em sua mente. Seu coração pode ter sido tomado por saudade, quem sabe até por angústia ou medo, contudo, assim como ele havia recebido de Deus a ordem de sacrificar Isaque, também recebera, antes disso, uma promessa vinda do mesmo Deus. O Senhor lhe havia prometido que seria por meio de Isaque que sua descendência seria considerada (Gênesis 21:12). Antes de o Senhor ter ordenado a Abraão que levasse seu filho a Moriá, dera-lhe outra palavra, a qual confirmava que por meio de Isaque os descendentes de Abraão viriam ao mundo e, por meio deles, o Salvador. E essa descendência, por sua vez, seria tão numerosa quanto as estrelas que existem no espaço, ou quanto os grãos de areia que existem no mar (cf. Gênesis 15:5). Tudo isso lhe foi prometido, e diz a Bíblia que "Abrão creu no SENHOR, e isso lhe foi creditado como justiça" (v. 6).

Por que Abraão sobe, então, os montes de Moriá, carregando Isaque, o cumprimento visível das promessas, para sacrificá-lo? Como o coração deste velho homem, tão comprimido pela dor que pesava sobre si naquela hora, conseguiria obedecer ao Senhor? Por causa da fé que ele possuía, a qual se manteve inalterada apesar dos diversos sentimentos e emoções que fervilhavam em seu coração:

> Pela fé Abraão, quando Deus o pôs à prova, ofereceu Isaque como sacrifício. Aquele que havia recebido as promessas estava a ponto de sacrificar o seu único filho, embora Deus lhe tivesse dito: "Por meio de Isaque a sua descendência será

> consideradaˮ. Abraão levou em conta que Deus pode ressuscitar os mortos e, figuradamente, recebeu Isaque de volta dentre os mortos (Hebreus 11:17-19).

No que cria Abraão? Na fidelidade do Deus que o chamara e lhe fizera a promessa de que seus descendentes nasceriam a partir de Isaque. Sua fé no Senhor era tão inabalável a ponto de crer que sua palavra se cumpriria, nem que fosse preciso ressuscitar Isaque dentre os mortos.

A fé de Abraão não estava baseada no que sua alma dizia, mas na promessa do Senhor, a qual sustentava o seu espírito na jornada até Moriá.

2. Fé não é razão

Se a fé não se baseia em emoções, talvez possamos achar que ela se baseia na razão, que é o oposto dos sentimentos. Entretanto, da mesma forma, a fé está acima da razão, tal como está das sensações.

Algumas pessoas fracassam no exercício da fé porque querem fundamentá-la na razão e buscam evidências naturais e visíveis de que Deus operou ou vai operar. No entanto, onde há provas, não há necessidade de fé.

Lembra-se de Tomé, um dos doze discípulos mais próximos do Senhor Jesus? Ele tentou exercer a fé baseada na razão, sustentada por provas concretas.

> Tomé, chamado Dídimo, um dos Doze, não estava com os discípulos quando Jesus apareceu. Os outros discípulos lhe disseram: "Vimos o Senhor!". Mas ele lhes disse: "Se eu não vir as marcas

> dos pregos nas suas mãos, não colocar o meu dedo onde estavam os pregos e não puser a minha mão no seu lado, não crerei" (João 20:24-25).

A fé de Tomé era uma simples extensão dos seus olhos, das suas mãos: "Creio no que vejo, no que toco". Mas isso não é fé; é uma consequência natural dos fatos. O que seria inesperado é que Tomé visse tudo e tocasse tudo, e ainda dissesse: "Eu não creio que Jesus ressuscitou". É por isso que se diz que os ateus têm mais fé que os cristãos, pois estudam a fundo o universo, reúnem inúmeras evidências de que o mundo foi criado por uma mente inteligente e, ainda assim, dizem: "Eu não creio que existe um Deus. Tudo foi obra do acaso".

Tomé, porém, não estava no patamar da descrença. Ele estava no andar da dúvida. Ele cogitava: "Será mesmo que Jesus poderia ressuscitar, como disse? Mas eu o vi morrer! Será que ele é mesmo o Filho de Deus, que é mais poderoso que a morte?". A dúvida sufocava em seu coração as certezas que Jesus semeara ao longo do tempo que passaram juntos. Por isso, quando se revela a Tomé, Jesus o censura com duras palavras:

> Uma semana mais tarde, os seus discípulos estavam ali outra vez, e Tomé com eles. Apesar de estarem trancadas as portas, Jesus entrou, pôs-se no meio deles e disse: "Paz seja com vocês!". E Jesus disse a Tomé: "Coloque o seu dedo aqui; veja as minhas mãos. Estenda a mão e coloque-a no meu lado. *Pare de duvidar e creia*".
>
> Disse-lhe Tomé: "Senhor meu e Deus meu!".

> Então Jesus lhe disse: "*Porque me viu, você creu? Felizes os que não viram e creram*" (João 20:26-29, grifo nosso).

Quantos de nós são como Tomé? "Se eu não colocar o dedo no buraco das suas mãos, se não enfiar a mão no seu lado que foi aberto, eu não crerei". Quantos exigem que o Senhor nos dê provas de sua soberania, de que ele ouviu nossa oração e que está agindo? A fé genuína crê na palavra de Deus simplesmente porque ele a proferiu, ainda que os fatos apontem para a direção oposta.

3. Fé não é esperança

Por fim, alguns podem ainda confundir fé com esperança. Mas fé não é esperança. O apóstolo Paulo deixa isso claro quando diferencia uma da outra ao dizer: "Assim, permanecem agora estes três: a fé, a esperança e o amor" (1Coríntios 13:13). Embora as duas virtudes sejam importantíssimas para a vida cristã, elas são absolutamente distintas. A esperança crê numa possibilidade futura, enquanto a fé agarra-se ao poder de Deus no presente. Fé não é maior que esperança, e nem a esperança independe da existência da fé; todavia, ambas não são sinônimas.

Na esperança, aquilo que se espera ainda não aconteceu; na fé, aquilo que se deseja *já* aconteceu ou está acontecendo.

Marta, uma amiga de Jesus, confundiu esperança com fé na ocasião da morte de seu irmão, Lázaro. Ela e sua outra irmã, Maria, haviam sepultado Lázaro já havia quatro dias quando, então, Jesus chegou à casa da família. O discípulo João nos conta o que aconteceu:

A esperança crê
numa possibilidade
futura, enquanto
a **fé** agarra-se ao
poder de Deus
no **presente**.

> Quando Marta ouviu que Jesus estava chegando, foi encontrá-lo, mas Maria ficou em casa.
>
> Disse Marta a Jesus: "Senhor, se estivesses aqui meu irmão não teria morrido. Mas sei que, mesmo agora, Deus te dará tudo o que pedires".
>
> Disse-lhe Jesus: "O seu irmão vai ressuscitar".
>
> Marta respondeu: "Eu sei que ele vai ressuscitar na ressurreição, no último dia" (João 11:21-24).

A fé de Marta estava ou no passado ou no futuro, mas não no presente. Ela cria que Jesus poderia ter impedido a morte de Lázaro, bem como que ele ressuscitaria no último dia. No entanto, para aquele exato momento em que estava vivendo, para aquele instante em que conversava com Jesus, ela não tinha expectativas. Sabia que Deus poderia fazer o que Jesus quisesse, mas não demonstrou crer que ele poderia ressuscitá-lo *já*!

A fé opera no agora, ainda que os resultados práticos só se manifestem no futuro. Jesus diz que "Tudo o que vocês pedirem em oração, creiam que já o receberam, e assim lhes sucederá" (Marcos 11:25). Ele não diz "talvez lhes suceda"; Jesus dá uma certeza: "assim lhes sucederá". Mas, muitas vezes, em nosso coração cremos que *talvez* Jesus nos atenda ou que *talvez* as coisas se resolvam um dia. Porém, note que Jesus orienta *primeiro* a crer que a oração já foi atendida para *depois* recebermos o que pedirmos.

Um ponto que a fé e a esperança compartilham é que ambas estão firmadas na Palavra de Deus, ainda que esta vá contra toda as expectativas que o mundo possa oferecer. Abraão, o pai de todos os que têm fé, incorpora esse princípio e serve de exemplo para nós. Paulo diz o seguinte a respeito do patriarca:

> Abraão, contra toda esperança, em esperança creu, tornando-se assim pai de muitas nações, como foi dito a seu respeito: "Assim será a sua descendência". Sem se enfraquecer na fé, reconheceu que o seu corpo já estava sem vitalidade, pois já contava com cerca de cem anos de idade, e que também o ventre se Sara já estava sem vigor. Mesmo assim não duvidou nem foi incrédulo em relação à promessa de Deus, mas foi fortalecido em sua fé e deu glória a Deus, estando plenamente convencido de que ele era poderoso para cumprir o que havia prometido (Romanos 4:18-21).

A esperança de Abraão não se baseava na esperança que o mundo lhe dava. Tudo o que ele via, na verdade, ia contra a promessa de Deus: sua idade avançada, a infertilidade da sua mulher. No entanto, ele esperou e creu no que era invisível: primeiro em Deus, que lhe fizera a promessa; mas também no cumprimento dessa promessa, o qual ele ainda não poderia ver, mas que um dia se tornou visível por meio do poder do Senhor. Foi essa mesma certeza, a fé e a esperança na promessa, que lhe sustentaram quando Deus lhe pôs à prova em Moriá.

UMA FÉ EFICAZ

Desta forma, podemos compreender que a fé é uma linguagem do Espírito. Ela não está enraizada nas coisas que podemos ver, mas naquelas que são invisíveis ou que ainda não se fizeram visíveis.

Assim, se estamos convencidos de que a fé é a chave para uma caminhada de vitória que agrada a Deus, precisamos aprender a exercê-la em todas as circunstâncias da vida. Vejamos, então, duas características de uma fé eficaz e como colocá-la em prática.

1. Fé resistente ao tempo

Um dos episódios bíblicos que logo vem à mente quando pensamos em fé em ação é aquele em que Pedro caminha sobre as águas do mar da Galileia. O que ele fez simboliza muito do que significa viver pela fé, pois Pedro saiu do barco e não andou sobre as ondas, uma vez que não se pode andar sobre as águas. Pedro caminhou sobre a *Palavra* de Jesus.

Porém, em determinado momento da caminhada, não sabemos se ele ainda ia em direção a Jesus ou se já voltava com ele para o barco, Pedro "reparou no vento, ficou com medo e [começou] a afundar" (Mateus 14:30). Lá, no meio do mar, Jesus agarra a mão de Pedro e o segura. Mas o Mestre não espera nem chegar ao barco para repreendê-lo: "Homem de pequena fé, por que você duvidou?" (v. 31).

Pensamos que, ao dizer que Pedro tinha uma fé "pequena", Jesus fazia menção ao tamanho da fé que o apóstolo demonstrava. Porém, em outro momento, Cristo diz que "Se vocês tiverem fé do tamanho de um grão de mostarda [...] nada lhes será impossível" (Mateus 17:20). Sabemos que, na época de Jesus, a mostarda era a menor semente que se conhecia (cf. Marcos 4:31). Ou seja, para quem tivesse uma fé minúscula, do tamanho do menor grão que existia, nada seria impossível. Sendo assim, quando o Senhor censurou a fé de Pedro no meio do mar da Galileia, ele não poderia estar se referindo ao tamanho dela.

Ao dizer "pequena fé", Jesus se descrevia a *duração* da fé de Pedro. A fé do apóstolo na palavra de Cristo — "Venha", convidou Jesus — durou até o vento soprar com mais força em seu rosto. A fé, desse modo, não é algo que se mede com a fita métrica, mas com o relógio.

Muitas pessoas abandonam o caminho do Senhor porque pensam que ele está demorando. Mas Deus não demora, ele trabalha.

Pode ser que o agir de Deus agora seja imperceptível. As expectativas são as piores. Diferentemente de Eliseu e seu servo, o que você vê quando ora são apenas mais e mais carros do exército inimigo. É difícil enxergar outro cenário que não seja o de caos, mas tenho uma boa notícia para lhe dar: o invisível existe ainda que você não veja. Você só precisa crer e exercitar sua fé.

Tudo que Deus tem para você, ele *tem*! Ele não irá perder isso, não irá esquecer onde deixou. É dele para você, e será dado na hora certa. O que você precisa fazer é esperar e, assim, alongar sua fé.

Deus desafiou o profeta Habacuque a fazer esse exercício de alongamento de fé. O livro de Habacuque é único entre o dos profetas, uma vez que não traz uma mensagem de juízo da parte de Deus ao seu povo. É, na verdade, uma resposta do Senhor diretamente a Habacuque, que registra no livro seus lamentos e questionamentos acerta da bondade de Deus frente às injustiças, ao mal e a tragédia. "Teus olhos são tão puros que não suportam ver o mal; não podes tolerar a maldade. Então, por que tolera os perversos? Por que ficas calado enquanto os ímpios devoram os que são mais justos que eles?" é uma das perguntas que o profeta dirige ao Senhor (1:13).

Deus não responde a Habacuque do jeito que ele gostaria ou até mesmo que nós esperaríamos. Deus não abre os olhos de Habacuque e lhe mostra as cenas de vitória do fim dos tempos, como fez com o apóstolo João ou mesmo com o servo de Eliseu. É isto o que o Senhor responde:

> A visão aguarda um tempo designado; ela fala do fim, e não falhará. Ainda que demore, certamente virá e não se atrasará. Escreva: O ímpio está envaidecido; seus desejos não são bons; *mas o justo viverá pela sua fidelidade* (2:3-4).

A profecia de Deus para Habacuque é esta: *o justo viverá pela sua fé*. Podemos compreender essa frase de dois modos. Num primeiro momento, a fé do homem o justifica e, desse modo, o salva da morte, como foi o caso de Abraão na promessa de Deus e é o caso de todo aquele que coloca sua fé em Jesus. Mas, numa segunda maneira, o justo também vive *porque* tem fé, e ela o mantém vivo em meio à demora e às situações adversas.

Sua fé é capaz de salvá-lo durante longos tempos de espera? Trabalhe-a para que não seja pequena e fraqueje.

2. Fé resistente ao sofrimento

Se a primeira qualidade da fé genuína é suportar o teste do tempo, sua segunda característica é resistir ao teste da pressão, e enquanto a primeira prova acontece com na espera, a segunda se dá em meio ao sofrimento.

O que precisamos ter gravado a fogo em nosso coração é que Deus não é sádico. Ele não se delicia com o nosso sofrimento, porém, isso não significa que seremos poupados das dificuldades. O sofrimento, na verdade, possui dois efeitos didáticos em nossa fé.

Num primeiro momento, ele testa, molda e aperfeiçoa a fé. Tiago escreveu acerca disso em sua carta:

> Meus irmãos, considerem motivo de grande alegria o fato de passarem por diversas provações, pois vocês sabem que a prova da sua fé produz perseverança. E a perseverança deve ter ação completa, a fim de que vocês sejam maduros e íntegros, sem lhes faltar coisa alguma. [...] Feliz é o homem que persevera na provação, porque depois de aprovado receberá a coroa da vida que Deus prometeu aos que o amam (1:2-4; 12).

A fé provada é forte, resistente inabalável. É uma sólida confiança no cuidado e na soberania do Senhor sobre sua vida e sobre todas as coisas. Diante do sofrimento, lembre-se a si mesmo do cuidado de Deus e do que ele já está provendo para você. Assim, se está desempregado, contemple a porta aberta. Está orando há anos pela conversão de um querido? Declare que essa pessoa já é bênção do Senhor. Traga à existência aquilo que está invisível pela sua fé na Palavra de Deus. Essa não é uma questão de pensamento positivo — pensamento positivo é fé na fé. Estou falando de fé em *Deus*, no que ele afirmou acerca de si mesmo em sua palavra.

Num segundo momento, o sofrimento gera arrependimento e nos leva de volta ao Senhor. Como um Pai amoroso, Deus

Se na **cruz** Jesus suportou todo o castigo que nos era destinado, temos de crer que qualquer **sofrimento** que passamos é porque ele o considerou necessário para o **nosso bem**.

nos corrige e disciplina quando é necessário. Nessas situações, nossa fé tem de estar fixada na imutabilidade do caráter de Deus; ou seja, temos de crer que a correção é fruto de seu amor por nós e visa ao nosso crescimento. Se não tivermos essa certeza bem firme diante de nossos olhos, nosso coração, o inimigo e o mundo nos enganarão e semearão dúvidas quanto à bondade e aos planos de Senhor para nós.

Seja como for, em qualquer situação de sofrimento, temos de crer na verdade de que Jesus é por nós. Se na cruz Jesus suportou todo o castigo que nos era destinado, temos de crer que qualquer sofrimento que passamos é porque ele o considerou necessário para o nosso bem. Se não fosse assim, ele mesmo o teria absorvido na cruz. Creia, portanto, que ninguém se importa mais com você do que ele. Ninguém tem maior interesse em você do que Cristo.

Quando tiramos os olhos dessa verdade e nos concentramos apenas no que é visível, damos ao problema uma importância que ele não tem. Assim, em vez de focar no sofrimento, agradeça a Deus por aquilo que ele já lhe concedeu, mesmo que ainda esteja invisível. Vivemos e sofremos porque atentamos para aquilo que está à nossa volta, e não para o Deus que está no controle de todas as coisas. Abra os olhos e contemple o que ele preparou para você, algo muito maior que a situação que você possa estar atravessando.

> Por isso não desanimamos. Embora exteriormente estejamos a desgastar-nos, interiormente estamos sendo renovados dia após dia, pois os nossos sofrimentos leves e momentâneos estão produzindo para nós uma glória eterna que pesa mais do

que todos eles. Assim, fitamos os olhos, não naquilo que se vê, mas no que não se vê, pois o que se vê é transitório, mas o que não se vê é eterno (2Coríntios 4.16-18).

CAPÍTULO **TRÊS**

REIS E SERVOS

Vocês sabem que aqueles que são considerados governantes das nações as dominam, e as pessoas importantes exercem poder sobre elas. Não será assim entre vocês. Pelo contrário, quem quiser tornar-se importante entre vocês deverá ser servo; e quem quiser ser o primeiro deverá ser escravo de todos.

MARCOS 10:42-44

OS QUATRO EVANGELHOS NÃO PROCURAM TRAÇAR necessariamente uma biografia de Jesus. Em vez disso, cada um de seus autores — Mateus, Marcos, Lucas e João — descrevem, por revelação do Espírito Santo, uma faceta diferente do ministério e da pessoa de Jesus Cristo.

É interessante notar, porém, como essas facetas podem parecer até contraditórias. É particularmente o caso dos evangelhos de Mateus e de Marcos. No texto de Mateus, Jesus é apresentado como Rei; por isso, a primeira coisa que encontramos neste livro é a sua genealogia, pois um rei precisa provar sua linhagem. Além disso, em Mateus percebemos a autoridade do Mestre, expulsando demônios e curando enfermos. Mateus também conclui seu evangelho confirmando o reinado de Cristo com as seguintes palavras, proferidas por Jesus: "Foi-me dada toda a autoridade no céu e na terra" (28:18).

Contudo, tão logo viramos a página, nos deparamos com o evangelho de Marcos, o menor e o mais antigo de todos, o qual apresenta Cristo como Servo. Diferentemente do evangelho de Mateus, em Marcos não encontramos a genealogia de Cristo, pois o servo não precisa provar sua linhagem. Marcos abre seu registro dizendo apenas: "Princípio do evangelho de Jesus Cristo, o Filho de Deus" (1:1). E na metade do livro, o Mestre explica qual é o ministério do Filho de Deus: "Pois nem mesmo o Filho do homem veio para ser servido; mas para servir e dar a sua vida em resgate por muitos" (10:45).

Rei e servo lado a lado. É assim que Jesus se revela aos seus seguidores, e é nisso que ele deseja transformá-los ao longo de suas vidas.

Autoridade e submissão são mais um dos paradoxos da fé cristã e, como todos os demais, está encarnado no Filho. Neste belíssimo trecho da carta de Paulo aos filipenses, o apóstolo deixa evidente como essas duas ideias se entrelaçam e se completam na vida do Mestre:

> [Cristo Jesus] esvaziou-se a si mesmo, vindo a ser servo, tornando-se semelhante aos homens. E, sendo encontrado em forma humana, humilhou-se a si mesmo e foi obediente até

> a morte, e morte de cruz. Por isso Deus o exaltou à mais alta posição e lhe deu o nome que está acima de todo nome, para que ao nome de Jesus se dobre todo joelho, nos céus, na terra e debaixo da terra, e toda língua confesse que Jesus Cristo é o Senhor, para a glória de Deus Pai (Filipenses 2:7-11).

Glória e serviço: Jesus tem sobre si essas duas atribuições. Vejamos, então, o significado de cada uma, como elas se combinam na pessoa de Cristo e, também, na vida de seus seguidores.

O SERVO

Ninguém foi mais servil que Jesus. Talvez alguém pense: "Mas eu conheço pessoas que vivem hoje num estado de servidão maior que o de Cristo, sem terem nem o direito de ir e vir". Concordo com você, porém, embora limitações como essas sejam desumanas, elas ainda são menores que as imitações que o Filho de Deus encontrou quando ele se tornou homem. A maior humilhação de Cristo não foi ter nascido pobre, mas *ter nascido*. Se ele tivesse vindo ao mundo como filho de um imperador romano, ainda assim estaria sofrendo o maior grau de humilhação da história. O que o humilhou não foram as rudes condições de seu nascimento, e sim o fato de ele, o Criador do mundo, se encarnar como uma de suas criaturas. Jamais conseguiremos imaginar o que significa o Filho despir-se da glória que possuía ao lado do Pai e assumir forma humana, limitada, necessitada. E como se isso não bastasse, ele não veio na forma de um mortal poderoso, e sim de um homem pobre e aparentemente frágil.

Porém, não foi somente a encarnação que fez de Cristo um servo submisso, pois alguém só se torna submisso quando se coloca, na prática, sob a autoridade de outra pessoa. No caso de Jesus, ele se colocou sob a autoridade do Pai e foi obediente a ele em tudo. Ele mesmo diz que foi enviado pelo Pai (cf. João 3:16) e que fazia apenas o que o Pai lhe permitia fazer (cf. João 5:19). E no seu momento de maior angústia, ele se submeteu incondicionalmente ao dizer: "Aba, Pai, tudo te é possível. Afasta de mim este cálice; contudo, não seja o que eu quero, mas sim o que tu queres" (Marcos 14:36).

Como disse Paulo, no trecho que lemos anteriormente, o Filho "foi obediente até a morte". Esta foi sua submissão: rendeu-se à autoridade sem questionar, crendo que a vontade do Pai era boa, perfeita e agradável até para si próprio (enquanto nós, tantas vezes, por muito menos questionamos se a vontade do Pai é boa para nós). Essas foram as atitudes que fizeram Cristo ser humilhado e submisso, mas o que fez dele um servo?

É preciso entender, em primeiro lugar, que "*servo*" é apenas um vocábulo mais agradável para a palavra "*escravo*". Podemos reler o texto de Paulo nos seguintes termos: "[Cristo Jesus] esvaziou-se a si mesmo, vindo a ser *escravo*".

Não podemos nos esquecer disso. Quantas vezes usamos a palavra "servo" amenizando ou ignorando seu verdadeiro sentido? O dicionário define "escravo" como "aquele que, privado da liberdade, está submetido à vontade absoluta de um senhor, a quem pertence como propriedade", e não vejo qualquer diferença entre a definição dada pelo dicionário e a que a Bíblia nos indica sobre o que é ser servo de Deus e uns dos outros.

Isso quer dizer que, quando falamos que queremos servir na igreja, ou servir o irmão, o pensamento que deveria estar em nosso coração não é o de ajudar como um voluntário, e sim o

Pode parecer bruto, no entanto, essa é a verdade. Jesus veio como **escravo**, e nos chamou para **sermos também escravos**.

de prestar serviço tal qual um escravo. Isso inclui, por exemplo, fazer as coisas mesmo quando não se tem vontade, pois um escravo, afinal, não pode escolher se quer ou não servir e nem a hora de fazer isso.

Pode parecer bruto, no entanto, essa é a verdade. Jesus veio como escravo, e nos chamou para sermos também escravos.

Jesus ensina a seus discípulos sobre esse chamado num momento bastante peculiar. O seu tempo sobre a Terra se aproximava do fim. Ele ia, com os Doze, rumo a Jerusalém para a última Páscoa de sua vida, na qual ele mesmo seria o Cordeiro sacrificado. Não sabemos quais pensamentos estavam no coração do Mestre enquanto ele fazia essa viagem, contudo, sejam quais forem, certamente não encontravam eco no coração de seus discípulos. A preocupação deles era muito diversa. Enquanto caminhavam para Jerusalém, os discípulos pensavam sobre quem seria, dentre eles, os "primeiros-ministros" do Reino de Cristo:

> Nisso, Tiago e João, filhos de Zebedeu, aproximaram-se dele e disseram: "Mestre [...] permite que, na tua glória, nos assentemos um à tua direita e outro à tua esquerda" (Marcos 10:35,37).

O pedido é, sem dúvida, absurdo, porém, é preciso entender o que estava na mente dos irmãos Tiago e João quando pediram tal coisa ao Senhor.

Durante os anos de seu ministério, desenvolvido principalmente na remota região da Galileia, bem ao norte do território da Palestina, Jesus se tornara incrivelmente popular. As curas que operou chamaram a atenção de muitos, e a multiplicação dos pães causou um alvoroço especial naquela região campesina e empobrecida. O apóstolo João registra que, depois da multiplicação, os galileus pretendiam coroar Cristo como rei à força (João 6:14-15). Seus doze apóstolos estavam vendo a popularidade de seu Mestre, tanto que, se fosse feita uma pesquisa boca-de-urna, Jesus certamente teria a maioria da intenção de votos.

É assim, intoxicados pela fama do Filho de Deus, que o grupo sobe a Jerusalém para a Páscoa. É claro que Jesus lhes havia revelado, mais de uma vez, que ele ia a Jerusalém para ser morto (Mateus 20:17-19), mas os discípulos estavam fascinados demais com o sucesso de seu Senhor. A julgar pelo pedido dos irmãos, podemos até concluir que o grupo de discípulos achava que a viagem para Jerusalém era uma excelente manobra política, pois Jerusalém era a cidade mais importante da região, principalmente em termos religiosos, e milhões de pessoas iam até lá por ocasião da Páscoa — entre elas, muitos dos galileus que pensavam em coroar a Cristo. Seria o lugar e o momento ideal para ele ser coroado publicamente como o Rei dos Judeus.

É com esses pensamentos em mente que o João e Tiago pedem ao Mestre para reinarem com ele e, aliás, são bem específicos: um ficaria à direita e o outro, à esquerda. Não sobraria mais nenhum lado para os outros dez ocuparem.

Talvez você fique escandalizado com a atitude dos dois; todavia, saiba que os outros dez não tinham ambições muito diferentes. O evangelista Marcos conta que numa das últimas viagens que o grupo fez pela Galileia, antes de irem para Jerusalém, Cristo ouviu alguns cochichos entre os seus discípulos.

Chegando em casa, ele lhes perguntou: "O que vocês estavam discutindo no caminho? Mas eles guardaram silêncio, porque no caminho haviam discutido sobre quem era o maior" (Marcos 9:33-34). Sendo assim, no capítulo 10, quando João e Tiago vão falar com o Mestre, eles apenas se adiantaram e pediram primeiro o que já estava na cabeça de todos os outros. É por isso que os demais apóstolos "ficaram indignados com Tiago e João" (10:41), e não porque haviam compreendido o ministério do Senhor.

O MINISTÉRIO DO SERVO

Depois que João e Tiago lhe fazem a proposta indecente, Jesus não lhes dá uma bronca. Ele simplesmente comenta: "Vocês não sabem o que estão pedindo" (v. 38). Isso é fato, já percebemos. Em seguida, acrescenta: "'Podem vocês beber o cálice que eu estou bebendo ou ser batizado com o batismo que estou sendo batizado?' 'Podemos', responderam eles". No entanto, como já sabemos, ambos não tinham ideia do que Cristo estava falando.

Talvez eles imaginassem que o cálice que o Mestre estava para tomar era do tipo descrito no Salmo 23: "Preparas um banquete para mim à vista dos meus inimigos. Tu me honras, ungindo a minha cabeça com óleo e fazendo transbordar o meu *cálice*" (v. 5). Talvez visualizaram o cálice transbordante de um rei recém-ungido, celebrando seu reinado. Entretanto, o cálice que o Filho estava para tomar era sua morte dolorosa na cruz: "Meu Pai, se for possível, afasta de mim este *cálice*; contudo, não seja como eu quero, mas sim como tu queres" (Mateus 26:39). Podemos ver esse cálice da ira de Deus sendo materializado na esponja embebida em vinagre que os soldados maldosamente estenderam ao Senhor enquanto estava na cruz (cf. Mateus 27:48), e não numa taça reluzindo nas mãos de um rei.

Da mesma forma, pode ser que João e Tiago pensassem no batismo que Cristo mencionara como o banho cerimonial que os sacerdotes tomavam no momento de sua ordenação (Levítico 8:6). Todavia, não era disso que o Senhor falava; na verdade, ele via sua morte como uma taça amarga a se beber e, também, como uma imersão — um batismo — no sofrimento.

Realmente, Tiago e João não sabiam o que pediam, pois, no momento em que Jesus foi elevado em Jerusalém como rei, ele não foi posto sobre um trono, mas sobre uma cruz; não foi coroado com ouro, mas com espinhos. E os que ocupavam os lugares à sua direita e à sua esquerda não eram nobres nem amigos, mas dois criminosos.

Assim, quando respondeu os dois irmãos, o Mestre revela que o caminho para a primazia e a glória no Reino de Deus passa obrigatoriamente pelo sofrimento e pela morte, e isso não é uma exceção nem para o Filho. Esse é o ministério de um servo, e, se eles desejassem reinar com ele, deveriam primeiramente servir com ele por meio do sofrimento e da morte.

O CONVITE AOS DISCÍPULOS

Como falamos, os outros dez ficam horrorizados com o pedido de João e Tiago porque cada um deles queria, na verdade, ocupar um dos dois lugares disponíveis ao lado do trono de Cristo. Então o Senhor, mais uma vez com paciência, reúne os Doze e lhes explica:

> Vocês sabem que aqueles que são considerados governantes das nações as dominam, e as pessoas importantes exercem poder sobre elas. Não será assim entre vocês. Pelo contrário, quem quiser tornar-se importante entre vocês deverá ser servo; e quem quiser ser o primeiro deverá ser escravo de todos. Pois nem mesmo o Filho do homem veio para ser servido; mas para servir e dar a sua vida em resgate por muitos (Marcos 10:42-45).

Nessa conversa com os Doze, Cristo repete a mesma lição que deu a João e Tiago, acrescentando alguns detalhes. Ele estabelece o paradigma do seu Reino, afirmando que este não é baseado em domínio, e sim em serviço, e também que não é governado por pessoas importantes, e sim por escravos. Não deveríamos esperar outra coisa, afinal, esse Reino pertence ao Deus que se fez homem e abriu mão de sua glória para se tornar escravo. Se ele, que é o Mestre, agiu assim, o que pode se esperar de seus discípulos! Dessa forma, é como se Jesus dissesse: "Se vocês querem ser grandes comigo no meu Reino, devem primeiro tomar o cálice do meu sofrimento. Se querem grandeza, devem ser servos. Se querem os primeiros lugares, devem ser escravos de todos". Assim como ele. Por isso, concluiu o ensino falando de si mesmo: "Eu mesmo, o rei deste Reino, o Filho de Deus, não vim para ser servido, mas para servir e entregar a vida pelos meus súditos".

Este é o convite que Jesus fez aos Doze, o qual se estende igualmente a todos nós que queremos segui-lo. Trata-se de um chamado bastante radical: "Se você quiser seguir-me até o meu Reino, esteja preparado para sofrer".

A única maneira de reinar no Reino de Deus é **servindo**; e servir, como Jesus demonstra, é **abrir mão da sua vida** em favor da vida de **outra pessoa**.

A única maneira de reinar no Reino de Deus é servindo; e servir, como Jesus demonstra, é abrir mão da sua vida em favor da vida de outra pessoa. Essa ideia se repete em outra passagem famosa, na qual o Senhor diz: "Se alguém quiser acompanhar-me, negue-se a si mesmo, tome a sua cruz e siga-me. Pois quem quiser salvar a sua vida, a perderá, mas quem perder a sua vida por minha causa, a salvará" (Marcos 8:34-35).

Desta feita, servir, no Reino de Cristo, significa abrir mão da própria vida, morrer. Esse foi o caminho que Jesus percorreu até a glória, quando foi coroado Rei e Senhor pelo Pai.

O CHAMADO PARA SER SERVIDO

Num primeiro momento, pode parecer que o que temos de fazer é seguir o exemplo deixado pelo Filho de Deus, que é: sirva aos outros como o Mestre serviu. Porém, pensar que o Senhor veio para deixar um modelo de como devemos servir uns aos outros é diminuir em muito o propósito da sua vinda.

Cristo não veio para servir de exemplo. Jesus, o Rei Servo, não veio para ser um modelo de líder para o mundo corporativo, e seu serviço não visava a inspirar as pessoas a serem boas e ajudar o próximo. O Verbo se encarnou e habitou entre nós para nos resgatar do pecado que nos aprisiona. Ele veio para ser Salvador daqueles que creem em seu nome, porque nós não carecemos prioritariamente de bons exemplos tanto quanto necessitamos de salvação para as nossas almas.

Assim, ser servido por Jesus, além de ser um privilégio, é também uma necessidade, pois apenas seu serviço traz ao homem salvação e vida eterna.

Talvez você se lembre do episódio em que o Mestre lavou os pés dos discípulos. Esse ato expressou de modo simbólico os laços profundos que existem entre o serviço do Filho e a salvação que ele oferece.

A tarefa de lavar os pés de convidados era executada pelo servo mais incapaz da casa, o menor no quadro de funcionários. Havia muitos tipos de escravos na sociedade de Jesus, e alguns eram até mais doutos que seus senhores, negociando para eles ou educando seus filhos. Os que eram um pouco menos instruídos gerenciavam da vida doméstica, tratando da alimentação da família e do cuidado com a casa. Havia também aqueles que eram fortes o bastante para trabalhar no campo e com os animais. Por último, havia o servo que não tinha nenhuma habilidade física nem intelectual, o qual servia apenas para lavar os pés dos outros, já que essa tarefa degradante não requeria nenhum talento especial.

No jantar da Páscoa, Jesus era o anfitrião. Ele havia dado ordens para que a festa fosse preparada da maneira que ele queria. Providenciou de forma sobrenatural um salão especial para ter a sua última refeição com as pessoas que mais amava. Estava tudo pronto. Todavia, na hora de se assentarem à mesa — os judeus costumavam usar mesas bem baixas e assentavam-se ao chão, reclinando sobre a mesa — os seus pés, que ficariam ali perto das mãos e dos alimentos, estavam sujos.

O Mestre, então, pega uma toalha, amarra na cintura e começa a lavar os vinte e quatro pés sujos que o seguiam. Ele não fez isso porque ninguém tomou a iniciativa ou porque esqueceram de chamar um servo. Todos eram capazes de lavar os próprios pés; afinal, estavam entre amigos num local emprestado. Cristo, contudo, age assim para demonstrar seu imenso amor por meio do serviço.

> Um pouco antes da festa da Páscoa, sabendo Jesus que havia chegado o tempo em que deixaria este mundo e iria para o Pai, tendo amado os seus que estavam no mundo, amou-os até o fim. [...] Jesus sabia que o Pai havia colocado todas as coisas debaixo do seu poder, e que viera de Deus e estava voltando para Deus; assim, levantou-se da mesa, tirou sua capa e colocou uma toalha sobre a cintura. Depois disso, derramou água numa bacia e começou a lavar os pés dos seus discípulos, enxugando-os com a toalha que estava na sua cintura (João 13:1,3-5).

Como você se sentiria vendo seu Mestre, um homem poderoso, de palavra, seguido por multidões, ajoelhado diante de você para lavar seus pés sujos? Pedro se incomodou terrivelmente com isso e disse: "Não vou deixar você fazer uma coisa dessas!". O Senhor, então, lhe respondeu: "Se eu não os lavar [seus pés], você não terá parte comigo" (João 13:8b).

O serviço de Cristo não é apenas uma demonstração de amor, ele é uma necessidade. Pedro, você e eu só poderemos ter parte com o Filho de Deus quando formos servidos por ele.

A verdade escandalosa é que Jesus nos chamou, em primeiro lugar, *para sermos servidos por ele*. Pode parecer chocante, entretanto, essa verdade é crucial para a nossa fé. Quando entendemos que precisamos do serviço de Cristo, reconhecemos que somos incapazes de ajudar a nós mesmos. Se precisamos que ele lave nossos pés é porque somos incompetentes para realizar essa tarefa.

Em segundo lugar, ele nos chamou para sermos seus discípulos, *e não para servi-lo*. Deixe-me colocar isso de outra forma: Jesus não precisa do meu ou do seu serviço. Ele não quer ser servido — ele mesmo disse que o "Filho do homem [não] veio para ser servido". Se achamos que podemos servir ao Filho, acreditamos que ele precisa de nós e, dessa forma, teríamos algo a oferecer que seja do interesse dele. Porém, não temos nada de que ele precise. Como disse Paulo, "Ele não é servido por mãos de homens, como se necessitasse de algo, porque ele mesmo dá a todos a vida, o fôlego e as demais coisas" (Atos 17:25).

Deus tem quebrado a minha cabeça e destruído a lógica científica na qual fui doutrinado durante tantos anos nas faculdades da vida. Ele tem me mostrado que tudo o que sei não serve de nada para ele. Não posso ajudá-lo; em vez disso, preciso depender dele.

O CHAMADO PARA SERVIR

Portanto, uma vez tendo sido chamados, servidos e lavados pelo Mestre, tornamo-nos seus discípulos. E agora, sim, como discípulos, já salvos e resgatados por seu sangue, podemos e devemos imitá-lo e servir.

Mas servir a quem?

Não a Jesus. Como mostramos, ele não precisa ser servido. As outras pessoas, no entanto, podem e precisam ser servidas. Às vezes, lutamos por cargos e posições quando a única competição que deveria existir entre nós é a de quem lavará os pés do outro primeiro.

Perceba que a vida cristã não corresponde a devolver a Deus o que ele deu, e sim de compartilhar com os outros o que dele recebemos. Não podemos retribuir ao Senhor a salvação, os dons, a vida eterna, e não é para isso que ele nos chamou. Ele quer que compartilhemos essas coisas com os outros, servindo-os. Em outras palavras, não abrimos mão de nossa vida para dá-la em favor de Jesus, porque ele não precisa desse tipo de sacrifício. Em vez disso, somos chamados a nos sacrificar em favor dos outros, pois foi assim que ele fez conosco. De maneira inexplicável, quando agimos desse modo, servindo aos outros, então Cristo é servido por nós:

> Venham, benditos de meu Pai! Recebam como herança o Reino que lhes foi preparado desde a criação do mundo. Pois eu tive fome, e vocês me deram de comer; tive sede, e vocês me deram de beber; fui estrangeiro, e vocês me acolheram; necessitei de roupas, e vocês me vestiram; estive enfermo, e vocês cuidaram de mim; estive preso, e vocês me visitaram. [...] O que vocês fizeram a algum dos meus menores irmãos, a mim o fizeram (Mateus 25:34-36,40).

O Senhor ensinou isto naquele dia, depois do desastroso pedido de João e Tiago: "Se vocês querem reinar comigo, sigam meus passos. Abram mão de qualquer glória à qual vocês poderiam se apegar, e tornem-se escravos de todos".

"Escravos de todos" é a expressão que ele mesmo usa em Marcos 10:44: "Quem quiser tornar-se importante entre vocês deverá ser servo; e quem quiser ser o primeiro deverá ser *escravo de todos*". Esse é o caminho para ter a primazia no Reino de Deus. Mas nada poderia ser mais impossível que isso.

Quantos entre nós,
e até mesmo dos
que não são cristãos,
não sabem que é
preciso **amar e
servir o outro** de
modo **sacrificial?**
Todos sabem. Não
precisamos de
um Messias para
nos ensinar isso.
Entretanto, por mais
que saibamos, somos
incapazes de
praticar tal tipo
de serviço.

Porém... Há um porém! É impossível *a menos* que você seja servido, dia e noite, pelo maior Escravo de todos.

A notícia de que "nem mesmo o Filho do homem veio para ser servido, mas para servir e dar a sua vida em resgate por muitos", é o que transforma o cristianismo em evangelho, ou seja, boas-novas. Se não fosse por isso, o cristianismo seria apenas um dos tantos "ismos" que existem mundo afora e se resumiria ao ensino de que as pessoas devem ser servas umas das outras de modo radical. Seria uma ideologia, um estilo de vida, uma corrente do bem. Só não seriam boas-novas.

Pense: quantos entre nós, e até mesmo dos que não são cristãos, não sabem que é preciso amar e servir o outro de modo sacrificial? Que fazer isso é mais nobre que buscar o próprio interesse e impô-lo aos demais? Todos sabem. Não precisamos de um Messias para nos ensinar isso. Entretanto, por mais que saibamos, somos incapazes de praticar tal tipo de serviço.

O que precisamos, então, não é de mais um líder religioso para nos apontar o caminho e nos dizer o que devemos fazer. Não precisamos de programas sociais que nos coloquem em contato com os mais necessitados. Não precisamos abrir uma ONG. Não precisamos de livros de autoajuda. Não precisamos de determinado partido político. Precisamos de *poder*. Precisamos de algo que seja mais poderoso que a força interior que nos arrasta para fazer apenas o que queremos. Precisamos de muito mais que um exemplo ou um Mestre. Precisamos de um *Salvador*.

Precisamos de um Salvador que nos resgate de nosso coração que insiste em dizer que somos bons e capazes de servir aos outros se apenas nos esforçarmos. Precisamos de um Salvador que nos livre de nosso coração que diz que nem Deus pode dar um jeito em nosso egoísmo. Precisamos de um Salvador que nos liberte da tendência de servir apenas para descarregar uma consciência pesada. Precisamos de um Salvador que nos salve do orgulho que sentimos quando fazemos de conta que somos servos.

João e Tiago não poderiam beber do cálice que Jesus beberia, e nem nós podemos. Nenhum ser humano, por conta própria, é capaz de ser escravo de todos, e vencer o próprio orgulho e desejo por fama sem que, primeiramente, tenha sido servido pelo Deus-Homem. Cristo deixa isso claro ao dizer: "Sem mim vocês não podem fazer coisa alguma" (João 15:5b). Não é uma questão de "não conseguir fazer tudo", ou "não conseguir fazer muita coisa" sem ele, e sim de "não fazer coisa alguma". Sem Cristo, não podemos fazer nada, e isso inclui servir uns aos outros. Se servirmos aqui, seremos grandes no céu.

O REI

Essa foi a estrada que Jesus percorreu, do serviço à glória. A exaltação que recebeu ao lado de Deus, no momento de sua ascensão, foi uma recompensa por seu serviço voluntário aos homens e sua obediência incondicional ao Pai. É o que diz o trecho bíblico com o qual abrimos este capítulo:

> [Cristo Jesus] esvaziou-se a si mesmo, vindo a ser servo, tornando-se semelhante aos homens. E, sendo encontrado em forma humana, humilhou-se a si mesmo e foi obediente até a morte, e morte de cruz. *Por isso* Deus o exaltou à mais alta posição e lhe deu o nome que está acima de todo nome, para

> que ao nome de Jesus se dobre todo joelho, nos céus, na terra e debaixo da terra, e toda língua confesse que Jesus Cristo é o Senhor, para a glória de Deus Pai (Filipenses 2:7-11).

O *por isso* no meio do trecho aponta que o que o Senhor *recebeu* — a exaltação acima de todos e a adoração de todos, expressas na segunda parte do trecho — foi uma recompensa pelo que *fez* — sua auto-humilhação, seu serviço e sua obediência, indicados na primeira parte do trecho. Portanto, quando o Senhor disse que quem quisesse ser o primeiro deveria ser o escravo de todos, também era para si mesmo que falava.

Dessa forma, Tiago e João não estavam de todo enganados quando pediram para reinarem com ele. Certamente erraram quanto ao pedido e às circunstâncias, contudo, acertaram quando entenderam que Jesus reinaria: "[Mestre] permite que, na tua glória, nos assentemos um à tua direita e outro à tua esquerda". Os irmãos esperavam que o reinado e a glorificação do Messias se concretizariam quando chegassem a Jerusalém. Mas, até aquele momento, o Filho de Deus ainda não havia passado pela maior humilhação e oferecido o maior serviço. Apenas depois dessas coisas é que ele foi exaltado, não nesta terra, mas em seu Reino eterno: "Não devia o Cristo sofrer estas coisas, para entrar na sua glória?" (Lucas 26:24).

Somente após a ressurreição do Mestre os apóstolos compreenderam muitas dessas coisas (cf. João 12:126). Assim, o adoraram não só por reconhecê-lo como Filho de Deus, mas também ao vê-lo como Senhor sobre todas as coisas (cf. Lucas 24:52).

Curiosamente, o Novo Testamento nos mostra que Tiago e João acabaram voluntariamente compartilhando do cálice do sofrimento de Jesus. Tiago é o primeiro dos doze apóstolos a ser martirizado por causa de Cristo (cf. Atos 12:2); já João foi exilado durante o reinado do imperador Domiciano "por causa da palavra de Deus e do testemunho de Jesus" (Apocalipse 1:9).

Como temos mostrado nas páginas deste livro, Deus não opera da maneira que nós operamos. Talvez o mais correto afirmar seja que, na verdade, *nós* não operamos da maneira de Deus. Não devemos supor que ele precise se adequar aos nossos parâmetros, pois ele é o Criador perfeito de todas as coisas; entretanto, fomos nós que mudamos, nos tornamos pecadores e, assim, desalinhamos nossos pensamentos em relação aos dele. Dessa forma, por causa do pecado, somos incapazes de raciocinar de acordo com os parâmetros do Senhor. Um desses parâmetros é a verdade eterna e imutável de que, tanto neste mundo como no que virá, a soberba precede a ruína, enquanto a humildade leva à exaltação. As Escrituras expressam esse fato em muitos momentos e de muitas formas.[1] O que cabe a nós fazer é ter a mente transformada e direcionada para esse princípio enquanto nos afastamos dos padrões deste século e recuperamos a verdade eterna de que a glória pertence aos servos, e não aos senhores.

Tudo começa com a submissão. Submissão e ele, o Servo. Muitos falam sobre o Líder-servo, mas Jesus era o Servo-líder. O serviço vinha primeiro porque ele precisou servir antes de receber toda a autoridade em sua ascensão à direita do Pai.

[1]Provérbios 11:2; 16:18; 18:12; 29:23; Jeremias 49:16; Mateus 23:12; Lucas 1:52; 14:11; 18:14; Tiago 4:6,10 e 1Pedro 5:6 são algumas das referências que trazem essa verdade.

Se **morrermos**
com ele, com
ele também
viveremos; se
perseverarmos,
como ele também
reinaremos.

Assim, se você quer reinar, primeiro sirva. Cristo prometeu o seu Reino para os pobres, humildes e humilhados por causa da justiça (Mateus 5:3,5,10). Desse modo, se quer ser reconhecido, pare de buscar por reconhecimento; se deseja os melhores lugares e as posições mais distintas, agache-se, lave os pés de outros; se almeja por títulos, submeta-se a ser um zé-ninguém.

Aí sim, quanto mais submisso for, mais autoridade terá. Quanto mais se submeter, mais poder terá. Quanto mais se humilhar, mais exaltado será. Essa é a lógica de Deus, a qual se aplica tanto ao Filho como aos herdeiros que se identificaram com Cristo em seu sofrimento e serviço: "Esta palavra é digna de confiança: Se morrermos com ele, com ele também viveremos; se perseverarmos, como ele também reinaremos" (2Timóteo 2:12).

CAPÍTULO **QUATRO**

POSSUIR TUDO E NÃO TER NADA

Meu filho, você está sempre comigo,
e tudo o que tenho é seu.
LUCAS 15:31

NESTE MUNDO MATERIALISTA EM QUE VIVEMOS, o "ter" quase sempre se sobressai ao "ser". Tornou-se muito comum medir o valor dos outros pelas coisas que eles têm a oferecer. Quantas vezes olhamos para uma pessoa e definimos o tipo de relacionamento que queremos ter com ela com base no que ela pode nos dar? Se ela for alguém que tem algo que eu quero, ou que me será útil, então me aproximo, mas, se essa pessoa não tiver nada de proveitoso para mim e, em vez disso, precisar da minha ajuda, provavelmente me afastarei. Estou falando em termos do nosso "eu" natural, sem Cristo, é claro.

Os benefícios que as pessoas podem nos dar não são somente materiais. Também preferimos nos aproximar de quem nos favorecerá com sua popularidade, com seu senso de humor, com seu afeto, com sua inteligência... Temos sido treinados a coisificar as pessoas e a investir nosso tempo apenas naquelas que nos darão um rendimento desejável.

Embora essa seja uma atitude bastante comum na nossa época, ela não é exclusiva dos dias de hoje. Os "acionistas de relacionamentos" — pessoas que escolhem seus relacionamentos como se estivessem investindo na Bolsa de Valores, à espera do melhor retorno — já existiam na geração de Jesus. Gostaria de examinar com você uma parábola do Mestre a respeito de um jovem que agiu assim, pois ele nos ajudará a entender que o melhor investimento não é aquele que fazemos, mas o que foi feito em nosso favor.

UM FILHO SEM SENTIMENTOS

> Todos os publicanos e pecadores estavam se reunindo para ouvi-lo. Mas os fariseus e os mestres da lei o criticavam: "Este homem recebe pecadores e come com eles" (Lucas 15:1-2).

Durante o tempo em que andou na Terra, o Senhor buscou se associar com aqueles que não lhe dariam lucro nenhum — na verdade, ele age assim até hoje. Prefere estar ao redor dos que precisam dele, ao passo que se esconde dos que acham que têm algo para contribuir.

Lucas 15 é mais uma dessas ocasiões. Ao redor de Cristo estava todo tipo de pessoa que lhe daria uma má reputação — inclusive, Lucas os descreve como "publicanos e pecadores". Bem, pecadores você sabe o que é; no entanto, ao identificá-los assim, Lucas nos faz pensar que essas pessoas assumiam publicamente que eram pecadoras. Elas não escondiam esse fato de ninguém. Ao lado delas estavam os publicanos, que eram os "fiscais da Receita Federal" dos dias do Novo Testamento. Eles recolhiam os impostos dos judeus para repassá-los ao Império Romano, contudo, não faziam isso com honestidade. Eles cobravam a mais, e até tinham autorização para agirem assim, e enriqueciam à custa de seus compatriotas. Por isso, eram detestados pelos judeus. Jesus, porém, recebia tanto eles como os pecadores confessos.

Quem ficava de fora do grupo eram os fariseus e os mestres da lei. Não que não fossem bem-vindos, eram eles mesmos que preferiam se manter afastados. Eles desprezavam o Filho de Deus e seu ensino, achando que, por saberem a Lei de Moisés de cor, já haviam recebido todo o entendimento a respeito do Pai. Se, entretanto, se aproximassem como um pecador ou um publicano, os quais sabiam que nada possuíam diante de Jesus, certamente seriam aceitos.

Lucas nos diz que, em vez de se aproximarem, esses membros da elite judaica resolveram criticar o Senhor duramente ao verem-no rodeado por aquela multidão nada ilustre. Ao dizerem que Cristo se assentava com pecadores e comia com eles, davam a entender que Jesus era tão impuro quanto seu público. O Mestre confrontava esses mestres de diversas maneiras, e no dia em questão, relatado por Lucas no capítulo 15 de seu evangelho, ele resolveu contar três parábolas. A parábola era uma figura de linguagem bastante usada na época, a qual consistia em uma história simbólica que trazia uma lição embutida. As parábolas não tinham uma "moral", como as fábulas que contamos às crianças; em vez disso, apresentavam um princípio eterno.

As duas primeiras parábolas que Jesus contou são bem parecidas. Na primeira, um homem perde uma ovelha e, na segunda, uma mulher perde uma moeda. Ambos fazem o que podem até encontrar o que perderam, e, quando encontram, dão uma festa para celebrar.

A terceira parábola segue o mesmo tema, achados e perdidos, no entanto, o que se perde é algo muito maior que uma ovelha ou uma moeda. É um filho. Mas, diferentemente dos outros dois, o filho é quem escolhe se perder do pai. Releia este belo relato, nas palavras do próprio Senhor Jesus:

> Um homem tinha dois filhos. O mais novo disse ao seu pai: "Pai, quero a minha parte da herança". Assim, ele repartiu sua propriedade entre eles.
>
> Não muito tempo depois, o filho mais novo reuniu tudo o que tinha, e foi para uma região distante; e lá desperdiçou os seus bens vivendo irresponsavelmente. Depois de ter gasto tudo, houve uma grande fome em toda aquela região, e ele começou a passar necessidade. Por isso foi empregar-se com um dos cidadãos daquela região, que o mandou para o seu campo a fim de cuidar dos porcos. Ele desejava encher o estômago com as vagens de alfarrobeira que os porcos comiam, mas ninguém lhe dava nada.
>
> Caindo em si, ele disse: "Quantos empregados de meu pai têm comida de sobra, e eu aqui, morrendo de fome! Eu me porei a caminho, voltarei para meu pai, e lhe direi: 'Pai, pequei contra o céu e contra ti. Não sou mais digno de ser chamado teu filho; trata-me como um dos teus empregados'". A seguir, levantou-se e foi para seu pai.

> Estando ainda longe, seu pai o viu e, cheio de compaixão, correu para seu filho, e o abraçou e beijou.
>
> O filho lhe disse: "Pai, pequei contra o céu e contra ti. Não sou mais digno de ser chamado teu filho".
>
> Mas o pai disse aos seus servos: "Depressa! Tragam a melhor roupa e vistam nele. Coloquem um anel em seu dedo e calçados em seus pés. Tragam o novilho gordo e matem-no. Pois este meu filho estava morto e voltou à vida; estava perdido e foi achado". E começaram a festejar o seu regresso (Lucas 15:11-24).

A parábola segue adiante, mas vamos nos deter neste trecho por um instante. Nesse discurso, Cristo conta a história de um jovem que apresenta, no começo, pelo menos estas duas características:

1. Ele não amava o pai. Seu relacionamento com ele era interesseiro;
2. O que possuía por meio do pai, ele quis ter apenas para si.

Esse rapaz caçula queria aquilo que lhe seria de direito apenas quando o pai morresse, todavia, não quis esperar a morte do pai. Ao pedir sua parte da herança, é como se dissesse: "O senhor está demorando demais para morrer, e eu tenho a vida inteira pela frente. Então, me faça o favor e me dê logo minha parte da herança para eu ir embora".

Sua ambição não lhe permitiu perceber que a herança não seria dele apenas quando morresse. Ele poderia desfrutar dela enquanto estava ali, na casa do pai, como dependente. A herança, na verdade, não era um saco cheio de moedas de

A **herança**, na verdade, não era um saco cheio de moedas de ouro, mas a **bênção do pai** sobre ele.

ouro, mas a bênção do pai sobre ele. Em outras palavras, a herança era viver ao lado do pai.

O pai nada pôde fazer a não ser entregar o dinheiro ao garoto e atender à sua exigência. Ele não argumentou porque sabia que o filho não era capaz de ver a verdade. Estava cego. Queria *ter* coisas em vez de *ser* filho. O jovem achou que o dinheiro poderia comprar tudo o que ele já tinha de graça na casa do pai: prazer, amor, alegria e identidade. Entretanto, era miserável mesmo tendo tudo isso, pois seu interesse estava apenas em conquistar riquezas.

Na sequência da história, o rapaz reúne tudo o que "possuía", sai de casa e vai viver irresponsavelmente. Talvez tenha imaginado: "Agora é que tenho vida! Não tenho fronteiras, não tenho limites, não tenho os olhos do meu pai. Agora estou sozinho e tenho *tudo* de que realmente preciso!".

Doce ilusão! O moço era tão orgulhoso e estava tão cheio de si que nem se deu conta que até *tudo* que ele "possuía" era, na verdade, o que ele havia tirado precocemente do pai. O dinheiro em que ele depositava sua confiança e alegria só existia porque o pai, misericordioso, concordou em entregar.

E o que o garoto fez com sua herança? Lemos que ele viveu "irresponsavelmente". A tradução literal dessa sentença diz que ele "viveu de maneira pródiga" — daí vem o nome da parábola "O filho pródigo". Ser "pródigo" significa "desperdiçar; usar tudo até acabar".[1] No final da parábola, somos informados pelo irmão mais velho de que este jovem esbanjara seus

[1]Dicionário Houaiss. Rio de Janeiro: Objetiva, 2009.

bens com as prostitutas (v. 30). Ele usou a herança do pai que o amava para comprar amor, saiu da casa onde havia prazer real e infindável para comprar prazer artificial e de pouca duração. O rapaz creu que só havia valor nas coisas que conquistasse por conta própria — ainda que fosse com um dinheiro que ele mesmo não trabalhou para ter.

UM FILHO SEM RECURSOS

Então chegou a hora que o moço, talvez, nunca achou que fosse chegar. O *tudo* que ele tinha acabou. Enquanto vivia na casa do pai e dependia dele — ou seja, não possuía *nada* em seu nome —, a fonte de bênçãos jamais secava; entretanto, quando saiu da casa e deixou de depender, o *tudo* veio a ser *nada*.

Mas a situação ficou ainda pior. Juntamente com o fim dos recursos, veio uma grande fome naquela região. Isso é terrível, pois, ainda que tivesse dinheiro, não teria o que adquirir com ele. Quantas pessoas não vemos na mesma situação? São pessoas sofridas que, muitas vezes, possuem carro importado, mansão, joias, fama, holofotes, no entanto, não têm nada. Parece contraditório, não é mesmo? Todavia, essa é a verdade. Dinheiro não mata a fome, o que nos sacia é a comida. Da mesma forma, a fama não traz aceitação, afeto, amor, compreensão; quem supre isso são os relacionamentos sinceros que se constroem ao longo da vida.

Esse rapaz que via os relacionamentos como uma transação financeira acabou sendo lesado por eles. Ele queria possuir coisas, por isso sai de casa, pois, enquanto permanecesse, lá seria "apenas" herdeiro do que pertencia ao pai. Mais tarde, com as prostitutas, ele usa o dinheiro que herdou para comprá-las e, assim, se torna possuidor delas. Contudo, quando o dinheiro acabou, sua única saída foi se humilhar e entrar num relacionamento em que ele é possuído por alguém que não lhe dá nada em troca. Se num primeiro momento o garoto não quis depender do pai, acabou precisando depender de um cidadão daquela região que o tratou praticamente como escravo. Esse homem o mandou cuidar dos porcos, o que era algo ultrajante e nojento para um judeu.

Jesus, entretanto, deixa bem claro que essa associação não resolveu o problema do jovem. Ele desejava comer a comida que os porcos comiam, "mas ninguém lhe dava nada". Enquanto em casa, o rapaz possuía tudo o que era do pai, na casa do estrangeiro ele valia menos que um porco. Ele, que havia sido alguém que possuía tudo sem ter de oferecer nada, tornou-se alguém que tinha de dar tudo sem receber nada em troca.

Não sabemos quanto tempo o garoto viveu assim. Porém, chegou um dia em que entendeu que aquilo estava errado. Chegou o momento em que os olhos foram abertos; em que o odor do chiqueiro incomodou o olfato obstruído; em que a comida dos porcos provocou ânsia.

No entanto, ele não se lembrou da casa de onde saiu. O moço continuava completamente perdido e queria apenas resolver um problema do momento: a sua fome. Ele não sentiu falta do carinho e da presença do pai, mas da sua generosidade, que se estendia até mesmo aos empregados. Enquanto seu patrão não lhe dava nada, os empregados de seu pai tinham comida de sobra.

O jovem continuava focado naquilo que o pai poderia lhe oferecer. Então, pensou em algo para dar em troca: seu trabalho. Por isso, prepara um discurso: "Pai, não tenho nada a lhe oferecer como filho. Mas posso ser seu funcionário. Se você me aceitar, isso me basta".

UM FILHO SEM RESERVAS

O relato da volta do filho para casa é escandaloso para os ouvidos de um judeu da época de Cristo. Ele conta que o pai viu o rapaz ainda longe e, então, correu até ele. O judeu adulto jamais corria, quem corriam eram as crianças ou as mulheres. Isso porque era necessário erguer as suas longas vestes, e deixar as pernas à mostra era humilhante. O que Jesus diz, então, é que o filho foi determinado a ser tratado como escravo, contudo, quem se humilhou no reencontro foi o pai, que ergueu suas vestes e correu para recebê-lo.

O homem estava tão eufórico de rever o filho que nem o deixa terminar o discurso que havia preparado. O moço só consegue falar a primeira linha, que o pai interrompe, dizendo aos servos: "Tragam a melhor roupa! Tragam um anel! Tragam sapatos! Tragam o melhor novilho! Vamos fazer uma festa porque meu filho voltou!". Mais uma vez, o pai lhe dá tudo o que lhe pertencia porque, quem é filho uma vez, é filho para sempre. Na casa do pai, o garoto seria *sempre* filho, jamais um empregado.

Essa primeira parte da parábola nos ajuda a entender um princípio importantíssimo na vida do cristão: somos filhos de Deus.

Se você é filho de Deus, esse fato basta em sua vida para lhe conferir dignidade e valor. Essa é uma importância que não está pautada no que você possui, seja na forma de bens, seja na forma de habilidades. Tampouco se baseia em seu desempenho como cristão. Trata-se de um valor que o Senhor investiu

Mais uma vez,
o pai lhe **dá tudo** o que lhe pertencia porque, quem é filho uma vez, é **filho para sempre**.

sobre sua vida, e não algo que você tenha adquirido por conta própria. Nem seu passado nem seu futuro podem revogar esse fato (cf. Romanos 8:38-39).

Por isso, precisamos estar atentos quanto à influência que esse mundo tem exercido sobre nós. Não devemos e nem temos de possuir alguma coisa para sermos aceitos pelo Pai. Da mesma forma, não precisamos que as pessoas nos provem seu valor para que sejam aceitas por nós.

O FILHO PERFEITO

Falei anteriormente que a parábola não terminava com o regresso do filho perdido. Há outro filho na família:

> Enquanto isso, o filho mais velho estava no campo. Quando se aproximou da casa, ouviu a música e a dança. Então chamou um dos servos e perguntou-lhe o que estava acontecendo. Este lhe respondeu: "Seu irmão voltou, e seu pai matou o novilho gordo, porque o recebeu de volta são e salvo".
>
> O filho mais velho encheu-se de ira, e não quis entrar. Então seu pai saiu e insistiu com ele. Mas ele respondeu ao seu pai: "Olha! Todos esses anos tenho trabalhado como um escravo ao teu serviço e nunca desobedeci às tuas ordens. Mas tu nunca me deste nem um cabrito para eu festejar com os meus amigos. Mas quando volta para casa esse teu filho, que esbanjou os teus bens com as prostitutas, matas o novilho gordo para ele!".
>
> Disse o pai: "Meu filho, você está sempre comigo, e tudo o que tenho é seu. Mas nós tínhamos que celebrar a volta deste seu irmão e alegrar-nos, porque ele estava morto e voltou à vida, estava perdido e foi achado" (Lucas 15:25-32).

O primogênito está indignado com a festa, no entanto, ele não diz claramente ao pai os seus motivos. Temos de ler nas entrelinhas. Pense: se, quando saiu de casa, o caçula levou consigo a parte da herança que lhe cabia, as coisas que o pai lhe deu quando voltou para casa — a roupa, os sapatos, o anel e até mesmo o bezerro — eram de quem? Sim, ao pai, porém, por direito de herança, eram propriedade do seu irmão mais velho. Em outras palavras, quem estava bancando a festa era o primogênito!

Não é de se espantar que ele tenha ficado tão irado. Contudo, as palavras que dirige ao pai revelam que ele não pensava tão diferentemente do irmão caçula. Ele começa falando que se mata de trabalhar, *como um escravo*. Ué, ele não precisava trabalhar como escravo se era filho... ele poderia trabalhar para agradar o pai, mas jamais para mostrar seu valor, porque ele tinha um valor inestimável no coração do pai.

Em segundo lugar, ele reclama que o irmão esbanjou os bens do pai com as prostitutas, ao passo que ele nunca havia ganhado um cabrito para festejar com os amigos. Perceba que ele não quer o cabrito para festejar com o pai, e sim *com os amigos*. Assim, podemos concluir que, tal qual o caçula, o filho mais velho também esperava a morte do pai para ter acesso ilimitado à herança. Porém, optou por esperar em casa, em vez de sair pelo mundo como o outro havia feito. E agora que o irmão estava de volta, teria de repartir a herança mais uma vez e ficaria com menos que antes, por isso estava tão ressentido.

Como o caçula, o primogênito também não entendia que seu verdadeiro tesouro era o pai, e não a herança. E o pai, por sua vez, não queria que os dois filhos desfrutassem da sua riqueza apenas quando ele morresse, mas em vida, e com ele!

Por essa razão, ele diz: "Meu filho, você está sempre comigo, e tudo o que tenho é seu" (v. 31).

Essa história é a biografia de todos nós como cristãos. Saímos da casa do pai lá no Éden, quando Adão e Eva, nossos representantes, escolheram desobedecer. No jardim que fizera para o homem, o Criador colocou tudo do bom e do melhor para que Adão não tivesse qualquer necessidade. Tudo havia sido feito para o deleite e enlevo daquelas duas criaturas especiais; todavia, o que eles escolheram? Decidiram ter aquilo só para eles, sem a presença do Pai. Dessa forma, Adão e Eva rejeitaram a Deus, e não ao jardim.

Assim, esses dois filhos de Deus foram expulsos de casa, entretanto, como na parábola, outro filho ficou, o Filho perfeito. Ele sempre soube que seu prazer estava no Pai, e não nas coisas que poderia receber dele.

Porém, esse Filho fez o que o primogênito da parábola jamais sonhou em fazer: saiu de casa não para fugir, mas como enviado para buscar os filhos perdidos e trazê-los de volta. Em vez de desejar a morte do pai, como os rapazes da história, ele mesmo morreu para levar seus irmãos para o lar. E tem mais: chegando em casa, ele alegremente dividiu tudo o que tinha, toda a sua herança, com os irmãos resgatados.

Por causa desse amor sacrificial, o que importa na sua vida, querido leitor, é quem você se tornou depois de Cristo, e não quem era antes dele. É certo que ele não ignora o que você já viveu até aqui, mas agora, nele, você recebe uma nova vida. Tudo o que você tem hoje é por causa de Jesus. Sua identidade como filho, seus dons, seu contato com o Pai — tudo isso lhe foi dado por intermédio dele, em quem fomos adotados por Deus "conforme o bom propósito da sua vontade, para o louvor da sua gloriosa graça, a qual nos deu gratuitamente no Amado" (Efésios 1:5-6).

Sem o Senhor, não possuímos nada, nem somos nada. Como o caçula que voltou para casa com uma mão na frente e outra atrás, tudo o que temos a oferecer é um pedido de desculpas esfarrapado. No entanto, o Pai dos céus, como o da parábola, não espera um retorno para investir em nós. Do seu próprio amor ele nos enche para que possamos amá-lo (cf. 1João 4:19). Com sua própria graça ele nos capacita para que possamos agraciar outros (cf. 2Coríntios 1:4).

COERDEIROS COM O FILHO

Ao mesmo tempo em que nada temos, tudo possuímos por causa de Jesus. Ele não somente nos trouxe de volta para casa como voluntariamente repartiu sua herança conosco. Veja o que diz a Bíblia Sagrada:

> Bendito seja o Deus e Pai de nosso Senhor Jesus Cristo! Conforme a sua grande misericórdia, ele nos regenerou para uma esperança viva, por meio da ressurreição de Jesus Cristo dentre os mortos, para uma herança que jamais poderá perecer, macular-se ou perder o seu valor. Herança guardada nos céus para vocês que, mediante a fé, são protegidos pelo poder de Deus até chegar a salvação, prestes a ser revelada no último tempo (1Pedro 1:3-5).

Esse texto nos fala sobre a herança que Jesus Cristo deixou para nós. É a herança dele mesmo, que recebeu do Pai e nos estendeu em sua graça. Você pode tomar posse dessa herança da seguinte maneira: "Se somos filhos, então somos herdeiros; herdeiros de Deus e coerdeiros com Cristo, *se de fato participamos dos seus sofrimentos*, para que também participemos da sua glória" (Romanos 8:17). O caminho para tomar posse da herança do Senhor é se identificar com ele em seu sofrimento. Você era o filho perdido entre os porcos, e ele saiu da casa do Pai para resgatá-lo. Esse foi seu sofrimento por você. Você participa do sofrimento dele também negando voluntariamente o que "possui" (entre aspas, porque, como vimos, tudo o que você possui vem de Deus) para priorizar somente ele.

Quando você faz isso, tudo muda em sua vida. Você é capaz de viver o tempo do agora sem, todavia, estar preso a ele, pois já antevê a eternidade, quando desfrutará plenamente de sua herança na casa do Pai. Com isso, você se livra das ansiedades que o prendem às coisas desta terra, às coisas que você acha que precisa possuir para ser feliz e seguro. Somos incitados a confundir desejo e necessidade. As propagandas, sejam na TV, sejam na internet, são arquitetadas para convencê-lo de que determinados desejos são pura necessidades. "Ah, preciso do melhor celular!" "Preciso daquela roupa de grife!" "Preciso comer em determinado restaurante!" Ficamos cada vez mais materialistas, e cada vez menos nos damos conta de que a matéria, o domínio, o poder, e a influência talvez satisfaçam nossos desejos, mas jamais saciarão nossas necessidades.

Além de se ver livre da ansiedade, ao se associar com Jesus você também fica liberto do medo da morte. A morte nada mais é que a passagem que o levará de volta para casa, para o que é realmente seu. Nosso lugar não é aqui. Nossas coisas não são daqui. Se somos coerdeiros com Cristo, entendemos que nossa herança não é o que podemos acumular no mundo, mas o que receberemos nos céus, juntamente com o Filho. Qualquer herança que recebermos ficará nesta terra, pois ela é perecível, e pode ser usufruída apenas durante os dias de vida que você tem, que são limitados. Porém, na eternidade, não há limites. De igual modo, a herança que está reservada para nós por meio de Jesus é infinita, como serão nossos dias.

O mais maravilhoso dessa herança eterna é que ela já pode ser desfrutada aqui mesmo. É claro que isso não pode ser feito com a mesma plenitude que teremos na eternidade, entretanto, se você se apossar dela, como já foi dito, poderá usufruir dela agora, na presença do Pai. Pode desfrutar de uma vida sem ansiedade, sem as prisões que os "donos de porcos", como no caso da parábola, infligem aos que estão vagando longe de casa.

Essa é uma das grandes belezas da vida em Cristo. Não temos nada, mas já possuímos tudo. Estamos na Terra, mas já desfrutamos das bênçãos dos céus. Somos peregrinos, mas, no Senhor, já estamos em casa. Esta é uma aventura fascinante, uma jornada em que cada dia é melhor que o anterior. Uma caminhada na qual avançamos conhecendo mais e mais de Jesus por meio da sua Palavra e de um relacionamento íntimo e sincero com ele. E, à medida que conhecemos o Mestre, passamos a nos conhecer e a conhecer o nosso próximo; passamos a ter mais misericórdia, piedade, carinho, facilidade para suportar o erro dos outros, e a vida se torna mais leve.

Você já é o que a Bíblia diz que você é; você já tem o que a Bíblia diz que você tem; e você já pode o que a Bíblia diz que você pode.

Você já **é** o que a Bíblia diz que você é; você já **tem** o que a Bíblia diz que você tem; e você já **pode** o que a Bíblia diz que você pode.

FILHOS E MORDOMOS

Há outro papel que desempenhamos na casa do Pai: além de filhos, somos também seus mordomos. Na qualidade de filhos, temos acesso à herança eterna, garantida por Jesus. Como mordomos, temos as chaves da despensa celestes, onde ficam estocadas as bênçãos de Deus, e podemos acessá-las e reparti-las com outras pessoas.

Na época durante a qual foi escrito o Novo Testamento, havia nas casas a função do *oikonomos* que fazia a *oikonomía* da casa. É desse termo que vem a palavra portuguesa *economia*, cujo sentido primário não é o de não gastar dinheiro, e sim o de fazer o gerenciamento da casa, especialmente das despesas domésticas. É daí que vem o sentido de "economia" ser a utilização apropriada dos recursos dos quais se dispõe.[2]

O *oikonomos* do Novo Testamento era geralmente um escravo da família a quem o dono da casa encarregava de gerenciar seus negócios, cuidar das receitas e dos gastos, administrar o alimento diário destinado aos outros conservos e até mesmo aos filhos pequenos do senhor. A palavra *oikonomos* aparece dez vezes no Novo Testamento. Em quatro ocasiões, foi empregada por Lucas em seu evangelho, nas parábolas referentes a servos que poderiam ser bons, negligentes ou astutos.[3] Nas outras seis vezes, é usada nas cartas dos apóstolos Paulo e Pedro, e por três vezes ela diz respeito à nossa função como mordomos de Deus:

[2]Dicionário Houaiss. Rio de Janeiro: Objetiva, 2009.
[3]Lucas 12:42; 16:1,3,8.

> Portanto, que todos nos considerem como servos de Cristo e *oikonomos* dos mistérios de Deus. O que se requer destes *oikonomos* é que sejam fiéis (1Coríntios 4:1-2).

> Cada um exerça o dom que recebeu para servir os outros, sendo fielmente *oikonomos* da graça de Deus em suas múltiplas formas (1Pedro 4:10).

A primeira compreensão que precisamos ter é esta: somos filhos *e* servos. Ser filho de Deus determina nosso relacionamento com ele, que nos trata como filhos. Ser servo de Deus determina nosso relacionamento com os outros. Ele nos chama para servir às outras pessoas com as riquezas que pertencem a ele, mas que foram deixadas sob nossos cuidados.

Assim, quem é o dono de tudo? Quem é o dono da casa em que você mora, do carro que você dirige, das roupas que veste, do salário que recebe? A resposta correta é o Senhor. Todos os bens e habilidades que possuímos nesta vida nos são dados por Deus para cuidarmos deles como *oikonomos*. Podemos usufruir dessas coisas e até nos alegrar com elas. Contudo, elas não nos pertencem. Elas são propriedade do Senhor e devem ser usadas de acordo com a vontade dele, que é a de abençoar outras pessoas.

Salmos 24:1 deixa claro que não há nada que exista que não seja de Deus: "Do SENHOR é a terra e tudo o que nela existe, o mundo e os que nele vivem". Tudo o que há na terra, seja na forma de materiais, recursos ou seres vivos, todas essas coisas são de Deus. Nós apenas administramos aquilo que é dele.

Muitos confundem ser herdeiro com ser mordomo. Somos herdeiros das coisas espirituais que pertenciam ao Filho e que,

O que você **tem que não tenha recebido?**

pela fé nele, se tornaram nossas. Porém, não somos herdeiros das coisas desta terra, das riquezas e dos poderes que existem no mundo. Se possuímos alguma coisa aqui neste mundo, a recebemos de Deus na condição de mordomo, e não de herdeiro, e isso inclui tudo também nossas habilidades, nosso corpo, nossa saúde e a nossa vida.

No texto de Paulo que citamos anteriormente, o que o Senhor espera do seu mordomo é que ele seja fiel. E como age um mordomo fiel? Sabendo que ele não é dono de nada do que gerencia. Que até mesmo o lucro que ele pode receber como fruto da sua boa administração pertence ao seu senhor, e não a ele (cf. Mateus 25:20 ss.).

Na sequência do trecho de Paulo que destacamos, ele ainda escreve: "Pois, quem torna você diferente de qualquer outra pessoa? O que você tem que não tenha recebido? E se o recebeu, por que se orgulha, como se assim não fosse?" (1Coríntios 4:7). A inteligência que você recebeu veio do Senhor. Os olhos negros, azuis, castanhos ou verdes que estão no seu rosto e que todos elogiam vieram das mãos de Deus. O filho que você tem foi formado e entregue a você pelo Senhor. Tudo, tudo é dele. Ele é o Criador de todas as coisas! Tudo você recebeu. Você não criou nada.

Pode ser que, antes de sua conversão, você tenha pensado e agido de modo diferente. Como muitos, talvez você achasse que foi o suor do seu rosto e a sua dedicação que lhe trouxeram tudo o que você possui hoje. Todavia, após ter entregado sua vida a Jesus, sua percepção muda — pelo menos deveria mudar. Antes de se converter, talvez você tenha dito: "Esta casa é minha". Agora, deve dizer: "Esta casa é do Senhor!". Ele a confiou aos seus cuidados, portanto, cuide de tudo que tem recebido lembrando-se de quem é o verdadeiro Proprietário. No caso da casa, limpe-a e cuide dela da melhor maneira. Ela é do Senhor. Você está apenas desfrutando dela! Assim deve ser com tudo que Deus tem lhe dado.

Desse modo, você não é definido pelas coisas que possui, porque estas lhe foram confiadas pelo Senhor de toda a Terra, mas sim pela relação que mantém como ele. As coisas passam. Pode ser que o que ele lhe deu hoje para administrar, amanhã ele resolva colocar sob os cuidados de outra pessoa. Ou pode ser que ele resolva pegar de volta. Às vezes isso pode acontecer por alguma deficiência na sua administração; às vezes, não. Jó tinha uma profunda consciência dessa verdade, pois, diante da morte de seus filhos e da perda de todos os seus bens, ele conseguiu exclamar, em duas ocasiões:

> Saí nu do ventre da minha mãe, e nu partirei. O SENHOR o deu, o SENHOR o levou; louvado seja o nome do SENHOR.
>
> Aceitaremos o bem dado por Deus, e não o mal? (Jó 1:21; 2:10)

Lembre-se de que, seja lá qual for o destino das coisas que Deus lhe confiar nesta terra, há uma herança reservada para você no céu. Esta, sim é intransferível e incorruptível, e é ela quem o define aos olhos do Criador e de todos os homens.

CAPÍTULO **CINCO**

FORÇA E FRAQUEZA

Por isso, por amor de Cristo, regozijo-me nas fraquezas, nos insultos, nas necessidades, nas perseguições, nas angústias. Pois, quando sou fraco é que sou forte.

2Coríntios 12:10

FORÇA E FRAQUEZA SÃO PALAVRAS cujos sentidos naturalmente são concebidos como antagônicos. É impossível alguém ser forte e fraco ao mesmo tempo, pois a fraqueza é a ausência de força, assim como o frio é ausência de calor.

A humanidade sempre celebrou a força. Considere, por exemplo, as competições olímpicas ou os campeonatos de diversas modalidades de luta. As medalhas e os cinturões vão para os mais fortes e mais resistentes. É claro que força não é tudo, mas ela é um fator de alto peso na hora de competir pela vitória.

Talvez você se espante ao saber que Deus também celebra a força. Por dezenas de vezes ao longo das Escrituras, em canções e orações, toda força é tributada a Deus. Mas que força é essa?

É o mesmo vigor físico que possibilita um halterofilista erguer um par de halteres muito pesados?

No Novo Testamento há pelo menos quatro palavras gregas que se traduzem para o português como "força". A primeira é *bia* e aparece somente no livro de Atos, quatro vezes. Ela pode ser traduzida também como "violência". É a palavra que Lucas usou para falar do comportamento da multidão contra os apóstolos e também sobre as ondas do mar por ocasião do naufrágio do navio que levava Paulo a Roma.

A segunda palavra é *ischus* (pronuncia-se "iscús"), e ela aparece dez vezes. Jesus utiliza essa palavra quando explica qual é o maior mandamento: "Ame o Senhor, o seu Deus, de todo o seu coração, de toda a sua alma, de todo o seu entendimento, e de todas as suas *forças*" (Marcos 12:30). *Ischus* poderia ser traduzido como "habilidade para fazer algo". É o caso de abrir a tampinha da garrafa de água: às vezes temos força, mas não temos o *jeitinho* para fazer com que ela abra.

A terceira palavra é *ischuros* e é derivada de *ischus*. Ela é praticamente um aumentativo, usada, por exemplo, por João Batista para dizer que Cristo era "mais poderoso" que ele (Mateus 3:11); e pelo próprio Senhor quando deu o exemplo do "homem forte" que é dominado por alguém "mais forte" (Lucas 11:21-22). Essa palavra é usada 29 vezes na Bíblia, e na maioria dos casos refere-se a algo que é maior ou mais forte que outro ou que o normal.

A última palavra é *dunamis* ("dúnamis"), e é dela que vem o termo "dinamite", que conhecemos em português. De todos, esse termo é o mais usado, aparecendo 120 vezes nas Escrituras. Porém, diferente das outras "forças", esta é ligada a um poder sobrenatural. Em algumas ocorrências, ela chegou até a ser traduzida por "milagre". Dessa forma, podemos concluir que, enquanto *bia*, *ischus* e *ischuros* descrevem a força que o homem e até os elementos da criação possuem, *dunamis* é algo que pertence exclusivamente a Deus.

Contudo, esse poder divino pode ser — e é! — compartilhado com seus filhos por meio do Espírito Santo. Essa é a bênção que o apóstolo Paulo rogava aos irmãos de Éfeso quando escreveu:

> Oro para que, com as suas gloriosas riquezas, ele os fortaleça no íntimo do seu ser com *dunamis*, por meio do seu Espírito, para que Cristo habite no coração de vocês mediante a fé [...]. Àquele que é capaz de fazer infinitamente mais do que tudo o que pedimos ou pensamos, de acordo com o seu *dunamis* que atua em nós, a ele seja a glória na igreja e em Cristo Jesus, por todas as gerações, para todo o sempre! Amém! (Efésios 3:16-17a, 20).

e também a Timóteo:

> O Espírito que Deus nos deu não é de covardia, mas de *dunamis*, de amor e de equilíbrio (2Timóteo 1:7).

Porém, perceba que o *dunamis* que Deus nos concede por meio de seu Espírito não é algo que vem a somar com a nossa própria força; pelo contrário, ele age em nós substituindo o vigor humano. O *dunamis* do Senhor não coexiste com o nosso poder, não complementa nossa capacidade para agir e realizar tarefas. Para que ele opere em nós, é necessário primeiramente que nos façamos fracos e carentes desse fortalecimento celeste.

O DEUS DOS FRACOS

Em sua Palavra, Deus estabeleceu diversos princípios pelos quais o universo é regido. Há princípios que podemos chamar de científicos, tais como a força da gravidade ou da termodinâmica. Os estudiosos descobrem esses princípios, aos quais dão o nome de "leis", e podem expressá-los em fórmulas matemáticas.

Há também os princípios que podemos chamar de causa e efeito. Como exemplo, temos a regra da colheita — "o que o homem semear, isso também colherá" (Gálatas 6:7) — ou da reciprocidade — "façam aos outros o que vocês querem que eles lhes façam" (Mateus 7:12). Esses princípios estão presentes tanto na Bíblia como no senso comum e não podem ser expressos em equações matemáticas; todavia, são tão universais quanto os calculáveis.

Por fim, existem os princípios espirituais, ou seja, as leis que o Senhor estabeleceu para governar sua relação pessoal com suas criaturas. Esses princípios foram revelados somente em sua Palavra, entretanto, foram estabelecidos desde o início da criação, assim como os demais princípios que citamos. Uma lei espiritual que, por exemplo, atua na vida de todas as pessoas todos os dias é a mesma que o Criador deu ao primeiro casal: "não coma da árvore do conhecimento do bem e do mal, porque no dia em que dela comer, certamente você morrerá" (Gênesis 2:17). Mais tarde, Paulo reformulou essa lei espiritual na seguinte frase: "o salário do pecado é a morte" (Romanos 6:23).

Os seres humanos morrem não porque envelhecem, ficam doentes ou sofrem acidentes, mas porque são pecadores.

Outro princípio espiritual pertinente à nossa discussão é o de que o poder de Deus não age quando nossa força está no controle. Vemos esse princípio expresso na seguinte palavra do Senhor a Paulo: "Minha graça é suficiente para você, pois o meu poder se aperfeiçoa na fraqueza" (2Coríntios 12:9). O Espírito de Deus não entra em disputa com nosso eu interior para ver quem é mais forte; na verdade, ele "nos ajuda em nossa fraqueza" (Romanos 8:26), e não em nossa força. Quando Deus entra numa briga, por assim dizer, não é para medir forças, e sim para esmigalhar o oponente. Por isso, em seu método, ou nos rendemos derrotados, ou somos destruídos. Não há meio-termo.

Dessa forma, podemos concluir que o *dunamis* do Espírito só agirá em nossa vida quando nos despojarmos de qualquer força que resida em nós. Quando estamos totalmente frágeis e indefesos, é aí que Deus encontra espaço para agir em nós e nos fortalecer com seu forte poder (cf. Efésios 6:10).

Podemos ver esse princípio ser belamente ilustrado na vida de Moisés. No auge da sua vida adulta, ele foi um homem cheio de poder e força, segundo os termos humanos:

> Moisés foi educado em toda a sabedoria dos egípcios e veio a ser poderoso em palavras e obras. Ao completar quarenta anos, Moisés decidiu visitar seus irmãos israelitas. Ao ver um deles sendo maltratado por um egípcio, saiu em defesa do oprimido e o vingou, matando o egípcio. Ele pensava que seus irmãos compreenderiam que Deus o estava usando para salvá-los, mas eles não o compreenderam (Atos 7:22-25).

Quando estamos totalmente **frágeis** e **indefesos**, é aí que Deus encontra **espaço para agir** em nós e nos fortalecer com seu forte poder.

De alguma forma, Moisés tinha a consciência, ou pelo menos o sentimento, de que Deus o usaria para libertar os filhos de Israel do cativeiro no Egito. Foi com esse pensamento que ele matou o egípcio que maltratava um irmão hebreu. Em quê Moisés se baseou para dar início à sua campanha de libertação dos israelitas? Em sua própria força. Será que ele pensou que seria capaz de matar todos os egípcios, um a um? Talvez sim, talvez não, mas foi nessa direção que ele caminhou. Contudo, o que conseguiu ao agir assim foi somente o ódio do Faraó, que o obrigou a fugir do Egito e se esconder no meio do nada (cf. Êxodo 2:15).

É verdade que o Senhor havia escolhido Moisés para ser o libertador de seu povo. Porém, ele não o escolhera por causa da sua força e das suas habilidades. Isso se prova pelo fato de que o Senhor se revelou a ele pessoalmente apenas muito mais tarde, depois de viver exilado quarenta anos nas terras midianitas, liderando nada mais que um grupo de ovelhas. Só quando Moisés baixou a bola é que Deus o chamou oficialmente para a ação:

> "Vá, pois, agora; eu o enviei ao faraó para tirar do Egito o meu povo, os israelitas". Moisés, porém, respondeu a Deus: "Quem sou eu para apresentar-me ao faraó e tirar os israelitas do Egito?" (Êxodo 3:10-11).

Veja como a coisa mudou de figura! O homem tão cheio de si, que achou que livraria seus irmãos matando os egípcios um a um, ou pelo menos liderando uma rebelião, agora se pergunta: "Quem sou eu para fazer isso?". Somente quando reconheceu sua insuficiência é que Moisés ficou no ponto. Os quarenta anos lidando com ovelhas teimosas o colocaram no lugar que o Senhor deseja que seus servos estejam: em estado de total fraqueza.

A fraqueza de Moisés não era fingida. Ele realmente se viu fraco. Em primeiro lugar, achou que ninguém fosse acreditar nele, como aconteceu quarenta anos antes, quando deu início sua desastrada campanha de libertação. Então, pediu provas, e Deus concedeu. Depois, veio com a seguinte desculpa: "Ó Senhor! Nunca tive facilidade para falar, nem no passado nem agora que falaste a teu servo. Não consigo falar bem!" (4:10). Essa desculpa de Moisés é curiosa porque, conforme lemos em Atos, "Moisés foi educado em toda a sabedoria dos egípcios e veio a ser *poderoso em palavras* e obras". Ou seja, se havia no Egito antigo um curso de como falar em público, Moisés estudou com os melhores professores! Todavia, depois de seu fracasso em tentar liderar e libertar o povo, ele descreu em tudo o que sabia e havia aprendido.

É verdade que Deus perdeu a paciência com as desculpas de Moisés (cf. 4:14). Entretanto, ele preferiu usar esse homem inseguro e fracassado a usar o forte e autoconfiante de quarenta anos antes.

Assim, foi apenas quando Moisés reconheceu sua fraqueza e sua dependência que o Senhor interveio em sua vida e o usou para escrever a história que mudou o curso do mundo. Moisés se tornou forte não porque confiava em si mesmo, mas porque creu no que Deus realizaria por intermédio dele. Parafraseando Paulo, quando ele se convenceu de que era fraco foi que se tornou forte, pois foi fortalecido pelo *dunamis* dos céus.

O caso de Moisés não é único. Séculos mais tarde, Israel foi novamente assolado por outro povo, os midianitas, que destruíam suas plantações e seus animais. Os israelitas clamaram a Deus, e ele enviou um Anjo para recrutar Gideão para a posição de libertador. O Anjo encontrou Gideão malhando o trigo dentro de um tanque (Juízes 6:11). Esse é um detalhe importante, porque malhar o trigo, ou seja, tirar a casca do grão, era uma tarefa feita na laje das residências israelitas, onde o vento soprava e levava as cascas embora. No entanto, Gideão, temendo os midianitas, resolveu malhar o trigo num lugar tão inconveniente quanto um poço de prensar uvas, desde que estivesse seguro.

Quando o Anjo o encontrou, fez uma saudação que pode parecer quase irônica: "O SENHOR está com você, *poderoso guerreiro*!" (v. 12). Gideão estava com tanto medo dos midianitas a ponto de malhar o trigo num poço, e o Anjo o chama de "poderoso guerreiro"? Ele estava de brincadeira? Não, ele falava sério, pois naquele estado de humilhação e fraqueza, Gideão tinha tudo que era necessário para o Senhor fazer dele um poderoso guerreiro. Assim, o Anjo continuou falando: "Com a *força* que você tem, vá libertar Israel das mãos de Midiã" (v. 14). Ora, que força Gideão tinha, você pode se perguntar, pois não dava sinais de valentia. Porém, o Anjo não se referia ao que era visível, e sim ao que era invisível: "Gideão, *O SENHOR está com você*". Nessa força, ele já era um poderoso guerreiro, sem ter nem saído do lugar. Com ela, derrotou todo o exército dos midianitas, que "vinham como enxames de gafanhotos; era impossível contar os homens e seus camelos" (v. 5) — usando apenas 300 homens.

Podemos citar muitos outros exemplos, contudo, apenas farei coro com o escritor aos Hebreus, que disse:

> Que mais direi? Não tenho tempo para falar de Gideão, Baraque, Sansão, Jefté, Davi, Samuel e os profetas, os quais pela fé conquistaram reinos, praticaram a justiça, alcançaram o cumprimento de promessas, fecharam a boca de leões, apagaram o poder do fogo e escaparam do fio da espada; *da fraqueza tiraram força*, tornaram-se poderosos na batalha e puseram em fuga exércitos estrangeiros (11:32-34).

A SALVAÇÃO PELA FRAQUEZA

Essa verdade bíblica de que a força de Deus brota em meio à nossa fraqueza não precisa, e nem deve, ser contemplada apenas pela fé. Você pode *vivenciá-la* também. Como nossos irmãos do passado, podemos ser fortes em nossos momentos mais fracos. Isso, porém, só poderá acontecer quando reconhecermos nossa total dependência do Senhor.

Enquanto nos julgarmos autossuficientes, lutaremos com nossas próprias forças e utilizaremos somente as armas naturais que conhecemos. Todavia, a Palavra diz que não devemos lutar segundo os padrões humanos, ou seja, conforme a força que os homens possuem, pois ela é incapaz de destruir poderes e pensamentos que se levantam em nossa vida contra o Senhor (cf. 2Coríntios 10:3-5). Em outras palavras, não podemos crescer espiritualmente, resistir às tentações, vencer o pecado, conhecer mais de Cristo nem viver na plenitude do Espírito com base em nosso próprio esforço.

Não podemos crescer espiritualmente, resistir às tentações, vencer o pecado, conhecer mais de Cristo nem viver na plenitude do Espírito **com base em nosso próprio esforço**.

Os cristãos gálatas achavam que poderiam e criam que eram capazes de dar um retoque na obra salvadora executada por Jesus. Pensavam que, se voltassem à prática das leis de Moisés, poderiam contribuir para sua vida espiritual. Paulo escreve a carta aos Gálatas para abordar esse tema e dá uma bronca enorme nos irmãos:

> Ó gálatas insensatos! Quem os enfeitiçou? Não foi diante dos seus olhos que Jesus Cristo foi exposto como crucificado? Gostaria de saber apenas uma coisa: foi pela prática da Lei que vocês receberam o Espírito, ou pela fé naquilo que ouviram? Será que vocês são tão insensatos que, tendo começado pelo Espírito, querem agora se aperfeiçoar pelo esforço próprio? (Gálatas 3:1-3)

O foco de Paulo nesse trecho é que a salvação só pode ser recebida em fraqueza. Se eu sou forte, não preciso ser salvo. Se creio que posso criar meu caminho até Deus, não preciso ser salvo. Se penso que posso receber o Espírito com base na minha própria performance, não preciso ser salvo. Como dissera o Mestre: "Não são os que têm saúde que precisam de médico, mas sim os doentes" (Mateus 9:12). A salvação não é para os fortes, mas para os fracos. Assim, "ser salvo" é sinônimo de "ser fraco". Apenas os fracos precisam ser salvos, pois os fortes podem salvar a si mesmos. Ser fortalecido pelo poder de Deus começa, então, ao se reconhecer a necessidade de um Salvador.

Entretanto, não basta reconhecer isso apenas uma vez na vida. A cada dia, precisamos da força do Espírito para confessar que permanecemos fracos e dependentes do Senhor. Nosso coração pecaminoso pode nos enganar e nos levar a crer, em algum momento, que foi nossa força de caráter que nos concedeu salvação ou que foi nosso esforço que nos levou à misericórdia de Deus. Temos de reconhecer que estamos em pé não porque somos bons, mas porque a misericórdia do Senhor se renova a cada manhã e nos sustenta.

Creio que é por causa dessa tendência maliciosa do nosso coração que o apóstolo Paulo nos exortou dizendo: "Assim, aquele que julga estar firme, cuide-se para que não caia" (1Coríntios 10:12). Perceba que a Palavra de Deus não diz "aquele que *está* firme", e sim, "aquele que *julga* estar firme". Caminhamos na vida cristã como equilibristas, portanto, não devemos nos iludir acreditando que somos tão fortes que vento algum poderá nos derrubar, ou situação alguma poderá nos abater. Como Paulo afirma em outra situação: "Ninguém tenha de si mesmo um conceito mais elevado do que deve ter" (Romanos 12:3).

A VITÓRIA SOBRE O ORGULHO

Muitos "que julgam estar firmes" caem por causa do orgulho. O problema do orgulho é que, tal qual o mau cheiro, ele pode se tornar perceptível e incômodo para todos ao redor, exceto para quem o carrega. No entanto, em sua graça abrangente, Deus prepara uma saída para não sermos presas do orgulho, e essa saída é o caminho da fraqueza.

Ao lermos a história do povo de Israel, vemos que o orgulho foi um dos grandes motivos que o encaminhou para a queda. É sobre isso que Paulo estava falando quando alertou: "Aquele

Não digam,
pois, em seu
coração: "A **minha**
capacidade e a
força das **minhas**
mãos ajuntaram
para **mim** toda
esta riqueza".

que julga estar firme, cuide-se para que não caia". No passado, Israel foi retirado do Egito pela poderosa mão do Senhor, pois era incapaz de sair do cativeiro por conta própria. O povo foi conduzido pelo deserto e foi sustentado de maneira sobrenatural até chegar à terra prometida, a gloriosa Canaã. Às portas da terra, Moisés faz os israelitas se assentarem, e então profere vários discursos a fim de lembrá-los de como haviam chegado até ali. Ele relembra o povo quanto à sua fraqueza e a humilhação sofrida, e ressalta como a glória que tinham pela frente lhes fora dada pelo poder de Deus — somente por este poder:

> Depois que tiverem comido até ficarem satisfeitos, louvem o Senhor, o seu Deus, pela boa terra que lhes deu. Tenham o cuidado de não se esquecer do Senhor, o seu Deus, deixando de obedecer aos seus mandamentos, às suas ordenanças e aos seus decretos que hoje lhes ordeno. Não aconteça que, depois de terem comido até ficarem satisfeitos, de terem construído boas casas e nelas morado, de aumentarem os seus rebanhos, a sua prata e o seu ouro, e todos os seus bens, o seu coração fique orgulhoso e vocês se esqueçam do Senhor, o seu Deus, que os tirou do Egito, da terra da escravidão. Ele os conduziu pelo imenso e pavoroso deserto, por aquela terra seca e sem água, de serpentes e escorpiões venenosos. Ele tirou água da rocha para vocês, e os sustentou no deserto com maná, que os seus antepassados não conheciam, para humilhá-los e prová-los, a fim de que tudo fosse bem com vocês. Não digam, pois, em seu coração: "A minha capacidade e a força das minhas mãos ajuntaram para mim toda esta riqueza". Mas, lembrem-se do Senhor, o seu Deus, pois é ele que lhes dá a capacidade

> de produzir riqueza, confirmando a aliança que jurou aos seus antepassados, conforme hoje se vê (Deuteronômio 8:10-18).

Quantos de nós precisam urgentemente dessas verdades sendo impressas a ferro e fogo no coração? Quantas e quantas vezes carecemos que o Espírito nos lembre, tal qual Moisés, que foi o Senhor que nos conduziu e nos sustentou pelos desertos da vida, assim como foi ele que nos deu comida com fartura nos bons momentos?

Veja que o propósito de toda fraqueza na história de Israel foi o de "humilhá-los e prová-los, a fim de que tudo fosse bem com vocês". O próprio Deus nos coloca, às vezes, em situações de fraqueza, para que o orgulho não se levante e reine em nossa vida, dizendo: "A minha capacidade e a força das minhas mãos ajuntaram para mim toda esta riqueza".

Além de ser a porta para a salvação, a fraqueza também nos livra do orgulho. Ela não permite que nossas falsas forças físicas, morais e espirituais reclamem para si aquilo que o forte braço do Senhor nos concedeu. Ela nos mantém num estado de humilhação, fazendo-nos ver o quanto somos limitados e dependentes da graça do Senhor. Foi este, aliás, o caminho que o Senhor escolheu para preservar Paulo do orgulho:

> Para impedir que eu me exaltasse por causa da grandeza dessas revelações, foi-me dado um espinho na carne, um mensageiro de Satanás, para me atormentar. Três vezes roguei ao Senhor que o tirasse de mim. Mas ele me disse: "Minha graça é suficiente para você, pois o meu poder se aperfeiçoa na fraqueza" (2Coríntios 12:7-9a).

Paulo estava contando aos coríntios que Deus o havia levado ao Paraíso — se em corpo ou em espírito nem o próprio Paulo soube dizer — e lhe revelou coisas tão grandiosas e gloriosas que o apóstolo não era capaz nem de falar acerca delas. Foi uma situação literalmente inexplicável. Contudo, o Senhor sabia que a maravilhosa revelação, que trouxera a Paulo tanto regozijo, poderia lhe servir de tropeço. O problema, é claro, não estava no que lhe fora revelado, e sim no seu coração pecaminoso, um coração como o meu e o seu.

Aqui podemos fazer uma pausa e refletir sobre um perigo sutil e terrível que ameaça o cristão: o orgulho de conhecer a Deus. Como dissemos, a linha sobre a qual os servos do Senhor caminham é como a corda de um equilibrista. Devemos, a todo momento, estar atentos e alertas às peças que nosso coração pode nos pregar e às brechas que o inimigo pode usar para nos fazer cair. Nosso coração pode transformar a revelação do Senhor para nós em motivo de soberba. O conhecimento do Santo, que deveria nos fazer prostrar em reverência, pode, em nosso coração, nos fazer cair em orgulho. Sim, o seu e o meu coração são capazes de uma coisa dessas. Como disse o profeta Jeremias, o coração do homem é "desesperadamente corrupto" (Jeremias 17:9, RA). Não poderia existir um termo melhor para descrever nosso coração.

Deus sabe disso, mas, mesmo assim, ele queria se revelar a Paulo, compartilhar com ele suas belezas insondáveis e inimagináveis. Dessa forma, a fim de proteger seu filho das armadilhas de seu próprio pecado, Deus colocou em Paulo um *antídoto*, por assim dizer. Implantou em sua carne uma fraqueza, um "espinho", a fim de, como ele disse, "impedir que eu me exaltasse por causa da grandeza dessas revelações". Não sabemos exatamente que espinho era esse, se foi uma doença ou deformidade física, mas ele estava lá.

Por três vezes, Paulo orou para que esse espinho lhe fosse removido. E por três vezes Deus disse: "Não", "Não", "Não". O Senhor respondeu a oração, porém não concedeu o pedido de seu filho porque ele tinha um propósito maior para aquele sofrimento, para aquela fraqueza: o Pai desejava que todo o poder que restasse em Paulo fosse somente o poder de Cristo. Ele estaria tão vazio que a única coisa que poderia sustê-lo em pé era o poder de Jesus manifestado por meio de sua graça.

É dessa forma que a fraqueza traz vitória, pois é apenas por meio dela que nos tornamos verdadeiramente fortes e capacitados a enfrentar o pecado e as dificuldades da vida. Não *achamos* que estamos firmes; em vez disso, *sabemos* que somos sustentados somente pelo Senhor. Precisamos, então, caminhar na certeza de que, se não fosse a abundante graça de Deus em nossa vida, se não fosse a mão de Deus segurando a nossa mão, se não fosse o seu Espírito habitando em nós, se não fossem as suas misericórdias... já teríamos sido consumidos. O pensamento de que "Eu posso, sou capaz, sou o bom, faço e aconteço por minha própria força" é o início do caminho da derrota. Quando você começa a dizer que pode tudo em si mesmo, quando você declara a sua autossuficiência e diz "Deus, eu não preciso mais de Ti, eu já sou mais do que capaz", você entra no modo de autodestruição.

A BUSCA PELA FRAQUEZA

A força de Cristo nos capacita a ir além. A Palavra nos diz que "tudo posso naquele que me fortalece" (Filipenses 4:13).

Isso não significa que podemos vencer todas as coisas, pois a força que o Mestre nos dá não é apenas para fazer de nós vencedores, mas também pessoas perdoadoras, pessoas que sabem suportar as perseguições, pessoas pacientes, pessoas satisfeitas e gratas, pessoas abnegadas e altruístas. A força do Filho de Deus nos faz parecer mais com ele, e essa é a maior vitória que podemos alcançar como seres humanos.

Paulo compreendia essa grandeza e desejou ardentemente a presença do poder de seu Mestre em sua vida. Por isso, lemos na sequência do trecho já mencionado de 2Coríntios:

> Portanto eu me gloriarei ainda mais alegremente em minhas fraquezas, para que o poder de Cristo repouse sobre mim. Por isso, por amor de Cristo, regozijo-me nas minhas fraquezas, nos insultos, nas necessidades, nas perseguições, nas angústias. Pois, quando sou fraco é que sou forte (vs. 9b-10).

Nestes versos, Paulo faz duas coisas que vão exatamente contra os valores que nossa cultura — e creio que não só a nossa, mas a maioria das culturas — valoriza. Em primeiro lugar, ele se gloria de suas limitações. Nós gostamos de nos gloriar de nossas virtudes, gostamos de falar sobre o quanto somos bons em determinadas coisas e de demonstrar nossa habilidade e perícia para sermos admirados. Paulo faz o oposto: ele se alegra na sua impotência porque ela o qualifica para receber o poder de Jesus.

E o que significa gloriar-se nas fraquezas? Significa reconhecer suas fraquezas e expô-las diante de Deus, como um livro aberto. Significa não esconder seus esqueletos no armário,

É preciso de
mais **força** para
reconhecer
suas fraquezas
do que para
demonstrar
seu poder.

mas os trazer para fora e apresentá-los ao Senhor para que ele intervenha e o cure. Significa ainda confessar seus pecados em oração e pedir ajuda para outras pessoas.

Este último ponto pode ser bastante difícil para muitos de nós. Talvez não tenhamos problema em ir até Jesus em oração e lhe contar todas as nossas dificuldades; não dificuldades que a vida nos traz, mas dificuldades que encontramos em nosso próprio coração: dificuldade para perdoar, dificuldade para ser manso e paciente, dificuldade para ser humilde, dificuldade para não cobiçar, dificuldade para não ceder à lascívia. Chegar a esse nível de sinceridade diante do Pai pode ser muito duro, contudo, possível. No entanto, dar o próximo passo e pedir ajuda para vencer essas limitações é algo que apenas os verdadeiramente fortes são capazes de fazer.

É preciso de mais força para reconhecer suas fraquezas do que para demonstrar o seu poder. Se você não consegue pedir ajuda, é porque ainda está cheio de sua própria força e, consequentemente, abriu mão da graça de Deus. Abriu mão de admitir que não pode nada e que depende daquele que pode tudo. Se esse é o seu caso, o convite que o Todo-Poderoso lhe faz é: renda-se. Enquanto você teimar em resolver seu coração e sua vida pela força do seu braço, irá gastar uma energia absurda e não terá nada em troca. Use o resto de forças que você tem para tomar a decisão de ser fraco. Busque socorro no Senhor e peça ajuda a um irmão fiel. Qualifique-se para ser alguém em cuja cabeça repousa o poder de Cristo.

Quando reconhecemos nossa fragilidade, nossa imperfeição, damos liberdade para o Pai entrar, manifestar a sua glória e comunicar vida. É isso que ele deseja fazer em cada um de nós. Toda proposta do evangelho é nos levar à conformidade da imagem do Filho; é permitir que você e eu andemos aqui na Terra como o Mestre andou, pisando sobre suas pegadas, manifestando em nós a sua vida.

Em segundo lugar, Paulo contraria nossa cultura ao se alegrar nas situações da vida que o humilham e o machucam. Por que ele faz isso? Por que era masoquista? Não, muito pelo contrário. Essas dificuldades extremas eram motivo de alegria para Paulo porque, na medida em que o enfraqueciam, elas o tornavam forte.

Podemos, talvez, dizer que esse apóstolo alcançou uma sensibilidade espiritual que lhe permitia ver as coisas além do plano físico e mundano, contemplando-as na esfera espiritual. Ele compreendia o que as situações agregariam ao homem espiritual que estava sendo forjado em seu interior, ainda que essas mesmas situações fizessem o seu homem externo, material, sofrer. Assim, desejava e se alegrava nas circunstâncias que o tornariam forte em Deus, embora fossem, ao mesmo tempo, motivo de tristeza, dor e sofrimento para seu corpo e seu coração.

Ao exemplo dele, não devemos nos amedrontar diante de situações adversas e ameaçadoras, e sim, dizer: "Eu posso, porque o Senhor está comigo. Eu sou capaz, porque o meu Deus me ensina. Eu faço, porque o Senhor realiza por meio de mim. Eu sou forte, porque a força do Senhor é a minha força".

Carecemos desesperadamente de um coração que deseje agradar a Deus com todas as suas forças, que deseje imitar a Jesus e pertencer a ele. Enquanto este coração está fora do alcance de nossas forças, ele é concedido gratuitamente àqueles que confessam sua incapacidade e fraqueza diante do Filho de Deus:

> Venham a mim, todos os que estão cansados e sobrecarregados, e eu lhes darei descanso. Tomem sobre vocês o meu jugo e aprendam de mim, pois sou manso e humilde de coração, e vocês encontrarão descanso para as suas almas. Pois o meu jugo é suave e o meu fardo é leve (Mateus 11:28-30).

CAPÍTULO **SEIS**

TRIUNFO E DERROTA

Pois quem quiser salvar a sua vida,
a perderá; mas quem perder a sua vida
por minha causa e pelo evangelho, a
salvará. Pois, que adianta ao homem ganhar
o mundo inteiro e perder a sua alma?
MARCOS 8:35-36

QUANTAS VEZES A PALAVRA "VITÓRIA", e outras relacionadas a ela, apareceram hoje na sua frente? Abra um jornal impresso ou visite o website de um portal de notícias e esses termos logo saltarão aos olhos: "Time X *bate* Time Y", "Fulano declara *vitória* nas eleições", "Empresa XPTO *perde* tantos bilhões após escândalo".

A vida humana parece se resumir em perdas e ganhos. Perdemos coisas boas e ruins tanto quanto ganhamos coisas boas e ruins. Assim, todos são vencedores e perdedores. Apesar disso, não queremos que os outros fiquem sabendo das nossas derrotas, não é verdade?

Abra seu Facebook ou Instagram, ou a rede social de sua preferência, e você compreenderá o que estou falando. Quantas fotos e quantos *posts* são colocados para falar de uma derrota particular? Nenhum. Ouso dizer que, se alguém se expõe nas mídias, é para *ganhar* o *status* de vítima ou de batalhador, e nunca para se declarar como perdedor. À medida que você for correndo os olhos ou os dedos pelo histórico das redes sociais de seus amigos, encontrará apenas uma coleção de pequenas ou grandes vitórias.

O que costumamos fazer com as perdas e as derrotas? Das duas, uma: ou as maquiamos para soarem como vitórias, ou as varremos para debaixo do tapete. Não aceitamos bem as perdas da vida, e uma prova disso é que consultórios de psicólogos tanto quanto gabinetes pastorais estão lotados de pessoas que precisam saber o que fazer depois de uma derrota. Por outro lado, ninguém visita o pastor ou o terapeuta para saber como lidar com uma grande vitória.

No entanto, a vida cristã autêntica não segue o mesmo ritmo e nem compartilha dos mesmos valores. Perdas e vitórias, para o seguidor de Jesus, têm outro sentido e outras implicações.

O SENHOR DERROTADO

Como temos visto, o Filho de Deus é o ápice de todos os paradoxos, e também a encarnação de todos eles. Com relação a perdas e ganhos, não poderia ser diferente.

No terceiro capítulo deste livro, quando falamos sobre Reis e servos, vimos como os discípulos de Jesus se enganaram em suas expectativas quanto ao propósito da ida de Jesus a Jerusalém. Eles esperavam que seu Mestre fosse exaltado e coroado como rei dos judeus, o que, de fato, aconteceu, só que não como imaginavam. O Mestre foi elevado, mas numa cruz; foi coroado, só que com espinhos; e foi declarado rei dos judeus, mas em sua sentença de morte (Lucas 23:38). A cena de Jesus no calvário, que se tornou emblema da fé cristã, é um cenário de derrota cósmica, pois nela o Deus Forte aparece vencido na cruz.

Celebramos com muita alegria a vitória do Senhor, e não poderia ser diferente. Contudo, esquecemo-nos de meditar mais demoradamente nos momentos que antecedem esse triunfo. Em nossa cultura ocidental, é comum que, desde a infância, sejamos entretidos com histórias nas quais heróis participam de batalhas épicas antes da vitória final. Quando tudo está quase perdido, algo extraordinário acontece e o bem vence. Talvez essa maneira hollywoodiana de representar a vitória do bem e a ruína do mal nos impeça de perceber claramente que a derrota do Senhor na cruz não foi uma "quase" derrota. Ele não "quase" morreu. Cristo morreu. Ele perdeu. Quando o Filho estava crucificado, ele não era apenas um homem fraco; era também um homem vencido. Quem o visse pregado na cruz, veria seu sangue se esvaindo, seu corpo dilacerado, a vergonha encarnada, e diria: "Eis um derrotado". Os próprios fariseus que arquitetaram sua morte tinham a vitória por certa, pois lhe disseram, aos pés da cruz: "Ora, você que destrói o templo e o reedifica em três dias, desça da cruz e salve-se a si mesmo!" (Marcos 15:29b-30).

Antes de avançarmos rapidamente o filme para o sepulcro vazio, precisamos relembrar essas longas horas de sangrenta batalha e morte para que tenhamos consciência do papel e o valor da derrota na fé cristã. A perda não é um "acidente de

Quando o
Filho estava
crucificado, ele
não era apenas um
homem **fraco**;
era também um
homem **vencido**.

percurso"; na verdade, ela faz *parte* da caminhada do cristão. Pense: se Jesus ressuscitaria de qualquer forma, por que não descer da cruz e encurtar o sofrimento? Por que a morte e a derrota lenta e agonizante? Cristo não tomou atalhos para o triunfo porque era preciso que ele fosse derrotado até o final — e a derrota final é a morte (cf. 1Coríntios 15:26). A perda tinha de ser completa para que a vitória fosse definitiva.

UMA DERROTA, TRÊS CONQUISTAS

Um dos propósitos da encarnação de Cristo foi o de morrer em nosso lugar. Enquanto as demais pessoas nascem para glorificar ao Pai com sua vida, o Filho nasceu para glorificá-lo com sua morte. Se ele vencesse antes de chegar à morte, não haveria vitória de fato. Assim, de maneira paradoxal, somente quando se encontrou totalmente derrotado é que o triunfo foi completamente obtido:

> Quando vocês estavam mortos em pecados e na incircuncisão da sua carne, Deus os vivificou juntamente com Cristo. Ele nos perdoou todas as transgressões, e cancelou a escrita de dívida, que consistia em ordenanças, e que nos era contrária. Ele a removeu, pregando-a na cruz, e, tendo despojado os poderes e as autoridades, fez deles um espetáculo público, triunfando sobre eles na cruz (Colossenses 2:13-15).

Este texto revela duas conquistas que a morte do Senhor concedeu aos seus servos. A primeira conquista foi o cancelamento da dívida que pendia contra nós nos céus. Por causa de nosso pecado e nossa desobediência (as "transgressões"), as leis ("ordenanças") de Deus se tornaram testemunha *contra* nós;

nesse sentido, nossas infracções se acumularam de tal modo que não havia mais saída. A prisão perpétua não resolveria, pois não haveria anos de vida que dessem conta de satisfazer a ira de Deus. A única coisa justa a ser feita em nosso caso era nos entregar à pena de morte.

Todavia, por sua graça, nosso Mestre cancelou toda a dívida, quitando-a na cruz. Não recebemos perdão porque Deus se esqueceu de nossas ofensas ou porque encontrou uma brecha em sua própria lei. Não, o perdão que recebemos nos foi dado porque *alguém* pagou pela dívida que pendia contra nós. Assim, quando Jesus morreu na cruz, nosso pecado, nossa culpa e nossa dívida foram pagos e destruídos. Essa é a primeira vitória.

A segunda conquista, decorrente da primeira, foi o triunfo do Filho sobre os seres espirituais malignos, a saber, o Diabo e seus anjos. Lemos em Apocalipse 12:10 que o Diabo é "o acusador de nossos irmãos, que os acusa diante do nosso Deus, dia e noite". E de que Satanás nos acusa? De nossos pecados. Entretanto, uma vez que esses pecados já foram pagos e cancelados por Jesus na cruz, o Diabo foi despojado de sua arma mais poderosa. Ele não tem mais do que nos acusar. "Quem fará alguma acusação contra os escolhidos de Deus? É Deus quem os justifica" (Romanos 8:33).

Dessa forma, enquanto o Senhor sangrava na cruz, o Diabo era publicamente humilhado. Em outras palavras, era Cristo quem morria, mas era Satanás quem perdia seu poder. Aleluia!

É verdade que ainda temos uma luta "contra os poderes e autoridades, contra os dominadores deste mundo de trevas, contra as forças espirituais do mal nas regiões celestiais" (Efésios 6:12). No entanto, essa batalha é travada à luz da vitória de Jesus no Calvário. O triunfo já pertence a ele e aos seus seguidores, que "venceram pelo sangue do Cordeiro e pela palavra do testemunho que deram" (Apocalipse 12:11). Satanás pode combater, contudo, não pode mais nos destruir.[1]

Há, ainda, uma terceira conquista que o Senhor alcançou para nós na cruz, revelada em outra passagem da Bíblia:

> [Jesus] também participou dessa condição humana, para que, por sua morte, derrotasse aquele que tem o poder da morte, isto é, o Diabo, e libertasse aqueles que durante toda a vida estiveram escravizados pelo medo da morte (Hebreus 2:14-15).

Como consequência da sua vitória sobre o Diabo, o Filho de Deus também ganhou poder sobre a morte, a qual ficava sob o domínio de Satanás. Ainda morremos, porém, a morte não é mais a nossa condição final. Porque nosso Mestre ressuscitou, também ressuscitaremos:

> A morte foi destruída pela vitória. "Onde está, ó morte, a sua vitória? Onde está, ó morte, o seu aguilhão?" O aguilhão da morte é o pecado, e a força do pecado é a Lei. Mas graças a Deus, que nos dá a vitória por meio de nosso Senhor Jesus Cristo (1Coríntios 15:54b-57).

Dessa maneira, quando o Senhor ressurgiu ao terceiro dia, ele não se levantou para vencer: ele já *era* vitorioso. E nós, que cremos nele, também já somos vencedores.

[1]Apocalipse 12:10-12.

GENTE DE CRISTO

É dessa forma que a derrota trouxe vitória tanto para Jesus como para nós que confiamos nele como o único caminho para nos levar ao Pai.

Entretanto, você pode estar se perguntando: "Será que esse mesmo paradoxo de triunfo e derrota se aplica à minha vida? Existe alguma situação em que devo ser derrotado para que encontre vitória?". Essa é uma excelente questão.

Por conta de tudo o que acabamos de demonstrar, creio que nos acostumamos a entender o cristianismo como uma vida de vitórias. Há inúmeros textos em todas as Escrituras, no Antigo e no Novo Testamento, que asseguram nosso estado de pessoas vencedoras, vitoriosas e triunfantes. Quem não sabe que "em todas estas coisas somos mais do que vencedores por meio daquele que nos amou" (Romanos 8:37)? E quantas vezes já ouvimos que "O Senhor concederá que sejam derrotados diante de vocês os inimigos que os atacarem. Virão a vocês por um caminho, e por sete fugirão" (Deuteronômio 28:7)?

Sendo assim, onde encontramos na Palavra de Deus o princípio de que devemos ser derrotados para triunfar? Se Jesus já lutou, morreu, venceu e ressuscitou por nós, existe algo que ainda devamos fazer?

A vida cristã parte do princípio de que queremos seguir os passos de nosso Mestre. É esse, inclusive, o significado da palavra "cristão": gente de Cristo.[2]

[2]MARSHALL, Howard. *Atos: introdução e comentário*. São Paulo: Mundo Cristão 1980, p. 191.

Se Jesus **já lutou, morreu, venceu e ressuscitou** por nós, existe algo que ainda devamos fazer?

As primeiras pessoas do mundo a serem chamadas de cristãs foram os irmãos da igreja de Antioquia, conforme registra Lucas em Atos 11. A cidade de Antioquia era capital da província da Síria e também a terceira maior cidade de todo o Império Romano em sua época, perdendo apenas para a capital, Roma, e para a cidade de Alexandria, no Egito. Desse modo, essa metrópole era habitada por todo tipo de gente, tanto judeus como gentios (povos não judeus).[3]

Com a perseguição que se levantou depois da morte de Estêvão (Atos 8), muitos irmãos fugiram de Jerusalém, e alguns deles chegaram até Antioquia. Lá, pregaram sobre o Filho de Deus a judeus e gentios, e "a mão do Senhor estava com eles, e muito creram e se converteram ao Senhor" (11:21). Assim nasceu a primeira grande igreja em território não judaico.

Esse único acontecimento — o nascimento da igreja em Antioquia — já bastaria para demonstrar como o princípio de que a derrota gera triunfo também é válido para nós. A morte de Estêvão foi um evento trágico e marcante na vida de uma comunidade que acabava de nascer. Lemos que homens e mulheres, sem distinção, eram arrastados de suas casas e trancafiados em prisões somente por invocarem o nome de Jesus (8:3; 9:14). Era, sem sombra de dúvida, uma situação de derrota, tanto pessoal e familiar — pois os perseguidores iam diretamente às casas e perturbavam o lar e a vida dos cristãos — como também comunitária — pois "*todos*, exceto os apóstolos, foram dispersos" (8:1). Os grupos de comunhão

[3]Idem.

se desfizeram, e casas e mesas se esvaziaram quando todos se puseram em fuga.

No entanto, "os que haviam sido dispersos pregavam a palavra por onde quer que fossem" (v. 4). A igreja podia estar sendo oprimida, mas a palavra, não! Ela é "viva e eficaz" (cf. Hebreus 4:12) e não pode ser derrotada. Essa mesma palavra viva que era pregada revigorava e fortalecia seus mensageiros, porque é a palavra que salva e que sustenta todas as coisas (cf. Hebreus 1:3). Que grande mistério! Perseguidos por causa da palavra, abatidos e praticamente derrotados por causa da palavra, todavia amparados, fortalecidos e vitoriosos por causa da palavra! O Senhor, por meio da sua poderosa palavra que sustenta todas as coisas, impulsionou seus adoradores a irem para regiões mais longínquas, como Samaria e Antioquia; e lá, pela pregação, a comunidade de seguidores do Mestre não fazia outra coisa senão crescer, apesar da oposição.

Que belíssimo exemplo do princípio de derrota e triunfo! Enquanto o mundo considerava a igreja uma comunidade derrotada em virtude da perseguição, Jesus usou essa mesma situação para fazer o seu reino crescer e prosperar sobre a Terra. Ele conquistava mais e mais almas, regatando-as das garras do inimigo por meio da vida dos que eram perseguidos. Forças do mal planejaram massacrar a igreja, contudo, Deus reverteu a situação e usou a perseguição para sua glória.

Assim, quando os discípulos chegaram a Antioquia, não podiam falar de outra coisa senão de Cristo. Eles o anunciavam a quem podia ouvir, e logo ficaram conhecidos como "gente de Cristo", os "cristãos".

É interessante pensarmos que o termo "cristão" foi cunhado em meio a uma situação de sofrimento e de aparente derrota. Aqueles homens e mulheres foram identificados com seu Mestre enquanto eram fugitivos e estavam sendo caçados. Creio que isso não é apenas uma coincidência, e sim providência de Deus para nos mostrar que, tal como nossa salvação foi conquistada num momento de sofrimento e revés de seu Filho, nossa vida como seus seguidores deve ser uma prática diária de perdas para alcançarmos a vitória. Desse modo, seremos verdadeiramente "gente de Cristo".

TÍTULOS NO VASO SANITÁRIO

Como praticar essa vida de perdas diárias? De que devemos abrir mão para nos tornarmos vencedores como Jesus? Para responder a essas perguntas, vamos considerar o seguinte texto do apóstolo Paulo:

> Cuidado com os "cães", cuidado com esses que praticam o mal, cuidado com a falsa circuncisão! Se alguém pensa que tem razões para confiar na carne, eu ainda mais: circuncidado no oitavo dia de vida, pertencente ao povo de Israel, à tribo de Benjamim, verdadeiro hebreu; quanto à Lei, fariseu; quanto ao zelo, perseguidor da igreja; quanto à justiça que há na Lei, irrepreensível.
>
> Mas o que para mim era lucro, passei a considerar como perda, por causa de Cristo. Mais do que isso, considero tudo como perda, comparado com a suprema grandeza do conhecimento de Cristo Jesus, meu Senhor, por quem perdi todas as coisas. Eu as considero como esterco para poder ganhar a Cristo e ser encontrado nele (Filipenses 3:4a-9a).

Precisamos de um pouco de contexto para entender por que Paulo, aparentemente do nada, coloca seu currículo no meio de uma carta de exortação. Nas primeiras décadas do cristianismo, era muito comum que os judeus convertidos se considerassem superiores em relação aos gentios convertidos, por causa de toda a história do pacto de Deus com o povo de Israel. Alguns se gabavam de suas credenciais judaicas, enquanto outros ensinavam que os gentios deviam adotar práticas de judeus, como a circuncisão, para serem cristãos de verdade ou, pior ainda, para serem alcançados pela graça! Os apóstolos lutaram bravamente contra esse tipo de ensino. Paulo escreveu a carta aos Gálatas para condenar esse ensinamento, e o primeiro concílio da igreja, registrado em Atos 15, existiu basicamente para resolver a questão e dizer que esse tipo de imposição sobre os gentios era absurdo. Em outras palavras, todos os cristãos, de origem judaica ou gentílica, são "salvos pela graça, por meio da fé", e nada mais (cf. Efésios 2:8-9).

Mas por que aqueles judeus tinham tanto apego a essas coisas? Por que as valorizavam tanto? Creio que é porque elas os faziam se sentir melhores que os outros. Porque foi trabalhoso conquistar e agora precisavam fazer com seu esforço valesse a pena. No meio acadêmico isso é muito comum. As pessoas se apresentam umas às outras enfatizando as dezenas de títulos que acumularam ao longo da vida: "Olá, sou o Prof. Dr., Ph.D., Esp., Lic., etc. João da Silva". Às vezes, o outro só quer saber se o tal João da Silva quer o café com ou sem açúcar, mas o "doutor" faz questão de enfatizar todos os seus títulos acadêmicos. Por quê? Porque isso o valoriza e o coloca acima dos outros (na concepção dele, é claro).

O alerta de Paulo é: "Cuidado com essa gente com a cosmovisão deles!". O que os "cães"[4] ensinam é mau, pois levam as pessoas a "confiar na carne", como eles mesmos confiam. Em outras palavras, eles pensavam que sua estirpe judaica havia "facilitado" a salvação deles, como se Jesus tivesse morrido "menos" por eles e "mais" pelos gentios.

É nesse contexto que Paulo anexa seu currículo à carta. É de fato, um currículo impressionante:

Paulo de Tarso

- **Registro apostólico** nº 14
- **Circuncisão:** 8º dia
- **Linhagem:** tribo de Benjamim
- **Posição quanto à Lei:** fariseu, categoria "irrepreensível"
- **Nível de zelo:** perseguidor de hereges

Os pais de Paulo cuidaram para que ele fosse criado dentro dos padrões mais puros e ortodoxos do judaísmo e cumpriram a lei cerimonial tintim por tintim. E na vida adulta,

[4]"Cães" era um termo pejorativo usado pelos judeus para se referir aos gentios. Tais quais os cães de rua, os gentios eram considerados impuros e selvagens. Paulo, no entanto, usa essa palavra aqui para se referir não aos gentios, e sim aos próprios judeus que se consideravam superiores aos outros irmãos por causa de seu "pedigree" judaico.

Todas as **conquistas** que o apóstolo acumulara em seu passado foram colocadas na mesma categoria de suas **fezes**.

Paulo continuou sendo zeloso; tão zeloso a ponto de perseguir a igreja crendo que, com isso, estava prestando culto a Deus (cf. João 16:2). Ao trazer essas credenciais para a carta, Paulo queria mostrar que, se existia alguém ali para se gloriar em suas próprias conquistas, esse alguém era ele! Pouquíssimas pessoas, ou praticamente ninguém fora de Jerusalém, teriam o mesmo currículo religioso que Paulo.

Contudo, seu objetivo ao falar de suas conquistas não era o de se gabar. Pelo contrário, ele listou todas essas coisas para dizer que elas não significavam nada para ele: "eu as considero como perda", "eu as considero como esterco". A repulsa de Paulo por seus triunfos é muito forte. Outras pessoas dariam tudo para ter o mesmo prestígio de Paulo, mas ele chama essas coisas de "esterco". Por que usar uma palavra tão chocante?

Você já viu alguém se gabando das próprias fezes? Pode parecer uma pergunta nojenta ou maluca, mas responda mesmo assim. Já viu alguém enquadrando as fezes e pendurando-as na parede da sala? Se você já viu alguém assim, pode ter certeza de que conhece um verdadeiro louco, porque ninguém faz uma coisa dessas. Para que servem as fezes? Excluindo seu uso em exames laboratoriais, para mais nada! Elas são esquecidas assim que descem pela fossa do vaso sanitário. É a isso que Paulo comparar seu currículo. Todas as conquistas que o apóstolo acumulara em seu passado foram colocadas na mesma categoria de suas fezes.

Para mim, esse é o melhor exemplo e definição de derrota para o dia a dia cristão. É considerar como perda tudo aquilo que poderia lhe dar motivo de orgulho ou que poderia ser considerado uma vitória. Seus títulos acadêmicos, profissionais e ministeriais? Fezes. Sua linhagem impecável de uma família de obreiros da igreja? Fezes. Seu desempenho no ministério? Fezes. Sua atuação como pai e marido (ou mãe e esposa) exemplar? Fezes. Suas notas altas na escola e na faculdade? Fezes.

A MAIOR CONQUISTA

Perceba, porém, que essas coisas não são perdas em si mesmas. Elas são perdas para Paulo a fim de que ele ganhe outra coisa mais sublime que todas essas: "a suprema grandeza do conhecimento de Cristo Jesus". Paulo refuta todas as suas conquistas para "poder ganhar a Cristo e ser encontrado nele".

Não abrimos mão de nossas conquistas porque são más. Tirando o que for fruto do pecado, as conquistas são coisas boas, obras boas. Todavia, devem ser abandonadas juntamente com nossas obras más se desejarmos que o Senhor seja nossa maior vitória. Paulo apresenta a como Jesus é o tesouro supremo de sua vida de três maneiras:

1. "Mas o que para mim era lucro, passei a considerar como perda, por causa de Cristo" (v. 7): O Senhor é mais importante que qualquer outra conquista da vida de Paulo.
2. "Considero tudo como perda, comparado com a suprema grandeza do conhecimento de Cristo Jesus" (v. 8a): Conhecer o Senhor é mais desejável do que qualquer outro sucesso que ele possa ter obtido.
3. "Eu as considero como esterco para poder ganhar a Cristo e ser encontrado nele" (vs. 8b-9a): Ter o Senhor — ou seja, tê-lo como seu único e mais valioso

> tesouro — é melhor do que conquistar o mundo e tudo o que ele possui.[5]

O que Paulo e tantos outros irmãos perceberam com clareza é que, para conquistar a maior vitória possível, seria necessário abrir mão de todas as outras. Foi o que João Batista compreendeu quando disse que:

> "Eu não sou o Cristo, mas sou aquele que foi enviado adiante dele. [...] Esta é a minha alegria, que agora se completa. É necessário que ele cresça e que eu diminua" (João 3:28-30).

Foi o que Pedro confessou ao Mestre:

> "*Nós deixamos tudo o que tínhamos* para seguir-te!" (Lucas 18:28, grifo nosso)

Foi o que Maria de Betânia fez, sem proferir qualquer palavra:

> "Então Maria pegou um frasco de nardo puro, que era um perfume caro, *derramou-o* sobre os pés de Jesus e os enxugou com os seus cabelos" (João 12:3, grifo nosso).

[5]PIPER, John. "Treasuring Christ Together Because He Is More Valuable Than All Else" [Valorizando Cristo em comunhão porque ele é mais valioso do que qualquer outra coisa]. Disponível em: <www.desiringgod.org/messages/treasuring-christ-together-because-he-is-more-valuable-than-all-else>. Acesso em: 27 jul. 2018.

E foi o que o Senhor ensinou que nós devemos fazer ao encontrá-lo:

> "O Reino dos céus também é como um negociante que procura pérolas preciosas. Encontrando uma pérola de grande valor, foi, *vendeu tudo o que tinha e a comprou*" (Mateus 13:45-46, grifo nosso).

Que tesouro é esse? Que vitória suprema é essa? O Senhor é a maior vitória que qualquer pessoa jamais poderá obter na vida. Ele é o maior tesouro, a maior recompensa, o maior bem, a maior conquista da humanidade. Foi por ele que João Batista se humilhou, que Pedro e os outros deixaram tudo o que tinham, que Maria derramou seu tesouro mais precioso e que o negociante de pérolas vendeu todas as suas posses. O maior prêmio que podemos obter é Jesus.

Talvez essa declaração faça as coisas mudarem um pouco de figura. Muitas vezes, O Filho de Deus é visto apenas como um meio para se obter coisas. Nesse sentido, crer nele é o meio para se chegar ao Pai, o meio para escapar do inferno, o meio para receber as respostas das orações. Entretanto, Paulo nos revela que o Senhor não é o meio, mas *o alvo* da nossa vida, e esse alvo não é servi-lo ou agradá-lo, mas *tê-lo*, possui-lo: "Eu considero [todas as coisas] como esterco para poder *ganhar a Cristo* e ser encontrado nele".

Jesus é a maior conquista que você pode ter. Entretanto, ele só pode ser recebido quando você declarar que todo o resto é perda. Enquanto caminharmos esperando obter o aplauso das pessoas, ou enquanto procurarmos realizar coisas apenas para nos gabar delas mais tarde, não haverá em nós espaço para

O céu não é sublime porque tem ruas de ouro, porque lá não reina mais a morte nem o pecado, nem porque não há mais lágrimas ou condenação. Tudo isso é maravilhoso, mas o que faz do **céu** um lugar verdadeiramente **supremo** é porque é lá que **Jesus está**.

essa verdadeira conquista. Ao contrário de Paulo e dos demais irmãos da Bíblia, estaremos buscando crescer, enquanto fazemos o Senhor diminuir. Estaremos deixando de segui-lo para nos apegar a tudo que temos. Guardaremos o perfume caro para outra ocasião. Essas atitudes mostram que, se agimos assim, não somos capazes de reconhecer o valor da pérola, do grande tesouro que está diante de nós, o qual compensa a perda de todas as outras coisas.

Deus é, ele próprio, o maior bem que pode dar a alguém. Se houvesse algo superior a si mesmo com que pudesse presentear o ser humano, essa outra coisa seria, então, o verdadeiro Deus, pois nela estaria a satisfação plena e última do homem. Entretanto, sendo o Criador o alvo para o qual se dirigem todos os nossos anseios e esperanças durante a vida, de maneira consciente ou não, ele é o maior triunfo, a maior vitória que podemos alcançar. Assim, o céu não é sublime porque tem ruas de ouro, porque lá não reina mais a norte nem o pecado, nem porque não há mais lágrimas ou condenação. Tudo isso é maravilhoso, mas o que faz do céu um lugar verdadeiramente supremo é porque é lá que Jesus está. É isso — lugares à sua presença — que o Senhor está preparando para nós: "E, quando eu for e preparar lugar, voltarei e os levarei para mim, *para que vocês estejam onde eu estiver*" (João 14:13).

Todas as vitórias que colecionamos em nossa vida aqui na Terra, na verdade, são incapazes de nos saciar como Cristo nos sacia. Elas apenas são sombras, indicativos que apontam para o verdadeiro triunfo. É por isso que Jesus nos convida a abrir mão de todas elas para sermos vitoriosos e satisfeitos somente e plenamente nele.

CAPÍTULO **SETE**

VIDA E MORTE

Pois vocês morreram, e agora a sua vida está escondida com Cristo em Deus. Quando Cristo, que é a sua vida, for manifestado, então vocês também serão manifestados com ele em glória.
COLOSSENSES 3:3-4

A MORTE ESTÁ NO CENTRO DA FÉ CRISTÃ. Talvez essa afirmação soe um tanto macabra, mas quero demonstrar o quanto é verdadeira. Pensando de modo bastante generalizado, talvez possamos dizer que nenhuma outra religião ou cosmovisão concentra-se na morte tanto quanto o cristianismo.

Sim, o símbolo universal do cristianismo é a cruz, um instrumento de execução. No centro de nossa fé está a pessoa de Jesus, e o evento principal de sua vida foi, sem dúvida alguma, sua morte. No entanto, isso não é tudo. Embora o cristianismo tenha surgido de maneira oficial apenas no começo da presente era, chamada, aliás, de "depois de Cristo", podemos considerar que, como fé, ele é muito mais antigo. A crença na vinda do *Cristo*[1] que libertaria o homem — e, com ele, toda a criação — das correntes do pecado existe desde o Éden. Desse modo, tudo que se seguiu em termos de rituais religiosos, revelados da parte de Deus ao seu povo, contém indícios de cristianismo, pois apontavam para o Cristo, e desde o princípio a morte integrava esses rituais:

- Ainda no Éden, a nudez do primeiro casal só foi efetivamente coberta depois que o Criador matou um animal e "fez roupas de pele, e com elas vestiu Adão e sua mulher" (Gênesis 3:21). Esse ato já apontava para a necessidade de um sacrifício que fosse eficaz para cobrir a vergonha e a nudez do homem caído perante o Deus santo.
- Após o dilúvio, Noé tomou alguns animais e aves "ofereceu-os como holocausto, queimando-os sobre o altar. O Senhor sentiu o aroma agradável" e jurou nunca mais destruir a terra como ele fizera daquela vez (Gênesis 8:20-21).
- A aliança entre Deus e Abrão foi selada quando um "fogareiro esfumaçante, com uma tocha acesa, passou por entre os pedaços dos animais" que Abrão havia previamente imolado, partindo-os ao meio (Gênesis 15:10,17).
- No Egito, a saída dos judeus do cativeiro foi marcada com o sacrifício de um cordeiro, cuja carne foi comida

[1]Tanto a palavra "Cristo" (do grego) como a palavra "Messias" (do hebraico) significam "ungido", ou seja, alguém que recebeu poder especial, muitas vezes divino, para realizar determinada função ou desempenhar um cargo.

pelos fugitivos e cujo sangue, espalhado sobre as vigas e laterais da porta de suas casas, protegeria as famílias da praga que assolaria os egípcios (Êxodo 12:5-13).

- Após se revelar aos israelitas e lhes dar a lei, o Senhor Deus estabeleceu com eles uma aliança baseada no sangue de animais imolados, que foi espirrado sobre o povo (Êxodo 24:5-8).
- Os sacerdotes que ministrariam diante de Deus eram consagrados mediante o sacrifício de três animais (Êxodo 29:1).
- Foi com muitos holocaustos que o tabernáculo, o primeiro e o segundo templo foram inaugurados (Êxodo 40:29; 1Reis 8:62-63; Esdras 6:17).
- Todos os rituais de purificação dos judeus requeriam que algum animal fosse imolado (Levíticos 12—15).
- Uma vez por ano, o sumo sacerdote entrava na parte mais reservada do tabernáculo — o Santo dos Santos, ou Santíssimo Lugar — carregando o sangue de um novilho. Por meio de um ritual realizado nesse recinto, Deus perdoava os israelitas, "quaisquer que tenham sido os seus pecados" (Levíticos 16:16).

Poderíamos listar mais dezenas de outras ocasiões em que a morte obrigatoriamente fazia parte do ritual religioso. Todos esses exemplos foram retirados do Antigo Testamento, e todos esses sacrifícios, realizados com os mais diversos tipos de animais, apontavam para uma ocasião futura em que um sacrifício perfeito e definitivo seria realizado. Disso tratou o autor aos Hebreus nesta passagem:

> De fato, segundo a Lei, quase todas as coisas são purificadas com sangue, e sem derramamento de sangue não há perdão. Portanto, era necessário que as cópias das coisas que estão nos céus fossem purificadas com esses sacrifícios, mas as próprias coisas celestiais com sacrifícios superiores. Pois Cristo não entrou em santuário feito por homens, uma simples representação do verdadeiro; ele entrou nos céus, para agora se apresentar diante de Deus em nosso favor; não, porém, para se oferecer repetidas vezes à semelhança do sumo sacerdote que entra no Lugar Santíssimo todos os anos, com sangue alheio. [...] Cristo foi oferecido em sacrifício uma única vez, para tirar os pecados de muitos (Hebreus 9:22-25,28a).

Todos os rituais do Antigo Testamento eram "cópias das coisas que estão nos céus". Cada novilho que foi imolado, cada oferta que foi apresentada eram mera representação de um sacrifício futuro que seria feito em prol não apenas de Israel, mas de todos os homens. Uma única morte seria suficiente para resgatar a vida de todos os que cressem.

MORTE: UM PROCESSO INEVITÁVEL

E por que foram necessários tantos sacrifícios? Porque "sem derramamento de sangue não há perdão", diz o texto. De maneira mais clara, sem morte não há perdão. A ofensa que cada homem cometeu contra Deus é fatal, e o vínculo entre nós e o Senhor só poderia ser refeito se o ofensor — ou um substituto — carregasse todo o peso que aquela ofensa havia causado.

"Quando ofendemos a Deus?", você pode estar se perguntando. Tudo começou no Éden. Todas as coisas foram criadas a partir de Deus: "sem ele, nada do que existe teria sido feito. Nele estava a vida, e esta era a luz dos homens" (João 1:3-4). Em outras palavras, toda vida que foi criada veio do Criador. Não há vida à parte dele.

Contudo, quando Adão e Eva optaram por virar as costas para o Criador e desobedecer à única ordem que lhes fora dada, o que eles fizeram, de fato, foi se rebelarem contra a fonte de toda a vida. Eles escolheram ter vida em si mesmos, mas isso é impossível, já que a vida vem apenas de Deus. É por isso que abandonar a Deus resultava, e ainda resulta, em morte: "não coma da árvore do conhecimento do bem e do mal, porque no dia em que dela comer, *certamente você morrerá*" (Gênesis 2:17). Não se trata de uma penalidade aleatória. A morte é uma consequência natural de quem escolhe dar as costas para o Doador da vida.

A escolha do primeiro casal, todavia, não era particular. Ela era representativa; ou seja, ali no Éden, ambos fizeram uma escolha em nome de toda a raça humana. Isso significa que a decisão que eles tomaram é exatamente a mesma decisão que você, eu ou qualquer outra pessoa tomaria se tivesse tido a oportunidade. Assim, a partir de Adão e Eva, todo ser humano é gerado em estado de rebelião contra o Criador. Todos já nascem infectados pelo vírus do pecado, cuja enfermidade desenvolvemos deliberadamente no decorrer da nossa existência.

Em termos práticos, o resultado dessa doença espiritual é a morte (Romanos 6:23), tanto do corpo como da alma. É por causa do pecado que as pessoas morrem, é por causa dele que há túmulos, velórios, funerais, crematórios e enterros. Quando uma pessoa morre, ela não apenas seguiu o curso natural da

A partir de Adão
e Eva, todo
ser humano
é gerado
em estado de
rebelião contra
o Criador.

vida, como também cumpriu uma sentença. Ela colheu os frutos de ter escolhido viver em rebelião contra o Autor da vida.

Entretanto, o enterro de um corpo não é o fim da linha. Existe ainda a alma que alentava aquele corpo, e esta nunca morre. Se o corpo cumpre sua sentença, sendo enterrado e separado do que lhe dava vida, o que acontece com a alma, que é imortal?

A alma rebelde contra o Criador é encaminhada para um lugar em que receberá, eternamente, a ira de Deus. Ali, ela paga por seus atos de rebelião, e a punição nunca acaba porque essa alma nunca se arrepende do que fez. Ela continua, por toda a eternidade, sendo punida e sendo rebelde conta o Criador da vida.

O quadro todo é aterrorizante, mas ele explica por que a morte é central e necessária: *a morte do pecador quita a sua dívida*. No entanto, ela é irremediável.

LIBERDADE PÓSTUMA

Há ainda outro aspecto da morte, espiritualmente falando, que é altamente pertinente. Quando uma pessoa morre, ela fica livre do poder do pecado (cf. Romanos 6:7). Uma vez que "quem vive pecando é escravo do pecado" (João 8:34), quando o homem morre, ele se encontra livre dessa servidão. Ele consegue não pecar mais, contudo, é tarde demais para desfrutar dessa liberdade. A menos... a menos que alguém que não tem nenhuma dívida morresse em lugar do pecador. Assim, esse sacrifício seria *atribuído* em favor do penitente, e ele não precisaria morrer.

Era isso que acontecia com os sacrifícios os Antigo Testamento. De maneira simbólica, cada animal sacrificado carregava sobre si o pecado do ofertante, e, ao ser imolado, é como se a própria pessoa tivesse morrido e quitado sua dívida. Ela poderia recuperar seu relacionamento com o Criador à custa da morte de um inocente.

O sangue dos animais, todavia, não era bom o suficiente para ser definitivo, porque ele era apenas simbólico. A troca ali era a vida de uma ovelha pela vida de um homem, mas quantas ovelhas são necessárias para resgatar um homem? Aos olhos de Deus, que criou o ser humano como reflexo de si mesmo, todas as ovelhas não bastariam.

O ideal era que um *homem* se sacrificasse em favor dos demais. Entretanto, não poderia ser qualquer homem.

- Em primeiro lugar, ele tinha de ser totalmente inocente, pois, caso contrário, sua morte daria conta de pagar apenas por si mesmo.
- Em segundo lugar, ele tinha de valer *mais* que os homens, para que sua morte valesse pela vida de muitos. Porém, não poderia deixar de ser homem.
- Por último, ele também teria de ser poderoso o suficiente para recuperar sua própria vida depois que morresse.

Se você nunca tivesse ouvido falar sobre Jesus e lesse esses pré-requisitos listados anteriormente, com certeza acharia a situação cômica ou trágica, pois são impossíveis de se satisfazer.

Veja que esse foi apenas um exercício de raciocínio para que você perceba que, quando dizemos que "Jesus morreu pelos nossos pecados", essa não é uma frase singela e pueril. Trata-se da solução que resolveu um problema cósmico e praticamente insolúvel. Apenas a Deus, o único ofendido de toda a história, teria condições de solucioná-lo, e, para fazê-lo, ele teria de se envolver e se doar ainda mais. O escritor C. S. Lewis expressa a grandeza dessa decisão de maneira belíssima:

> E eis aí um verdadeiro paradoxo: só uma pessoa má precisa de arrependimento, mas só uma pessoa boa consegue arrepender-se perfeitamente. Quanto pior você for, mais precisará arrepender-se e menos conseguirá fazê-lo. A única pessoa que conseguiria fazê-lo com perfeição seria alguém perfeito — e esse alguém não precisaria de modo nenhum fazê-lo. [...]
>
> Mas suponha que Deus tenha se tornado homem — suponha que a nossa natureza humana, que é capaz de sofrer e morrer, tivesse sido amalgamada com a natureza de Deus em uma pessoa —, então, essa pessoa poderia nos ajudar. Ele poderia renunciar sua vontade, sofrer e morrer, porque seria humano; e poderia fazê-lo de forma perfeita porque seria Deus. Você e eu só podemos passar por esse processo se Deus o realiza em nós; mas Deus só poderia fazê-lo tornando-se ele mesmo um homem. Para que nossas tentativas de morrer tenham êxito, nós, humanos, temos de compartilhar da morte de Deus, da mesma forma que nosso pensamento só pode alcançar êxito se for uma gota do oceano da sua inteligência. Por outro lado, não podemos compartilhar da morte de Deus a não ser que ele morra, mas ele só pode morrer tornando-se homem. Esse é o sentido pelo qual ele paga nossa dívida e sofre por nós o que ele próprio não necessita de modo algum sofrer.[2]

[2]LEWIS, C. S. *Cristianismo puro e simples*. Rio de Janeiro: Thomas Nelson Brasil, 2017, p. 91 e 93.

A solução do problema que criamos não apenas precisaria de um poder literalmente sobrenatural como também de uma dose infinita de amor e abnegação. Graças a Deus, no Filho encontramos tudo que era necessário para que a morte perfeita acontecesse. Na concretização do maior de todos os paradoxos — Deus se tornar homem —, talhava-se o caminho para nossa liberdade e salvação, em vida!

SACRIFÍCIO VOLUNTÁRIO

As páginas do Novo Testamento abrem com a revelação deste mistério: o Autor da vida assumindo forma humana, o Criador encarnando-se em criatura. As páginas seguintes nos falam de seu poder, sua justiça, sua santidade, sua inocência, seu amor. Seu caráter é confirmado por meio de suas palavras e seus atos, e também das testemunhas que o rodeavam. Não há como negar: "[Jesus] não cometeu pecado algum, e nenhum engano foi encontrado em sua boca" (1Pedro 2:22).

No entanto, não bastava que o Senhor se encarnasse e vivesse de modo irrepreensível. Se ele vivesse a vida perfeita e, depois, fosse simplesmente arrebatado, não teríamos qualquer chance de receber perdão e vida. É por isso que a sequência dos evangelhos nos mostra que esse homem irrepreensível foi preso à traição, condenado por mentiras e morto injustamente. Os capítulos mais doloridos e tenebrosos da história humana tiveram de ser escritos para que houvesse esperança.

Desse modo, é na maior injustiça de todos os tempos que obtemos justificação para nossa alma. Tal qual os cordeiros sacrificados no Antigo Testamento, a culpa poderia ser transferida se a vítima do sacrifício não possuísse nenhuma dívida para quitar com sua morte. No entanto, diferentemente dos animais sacrificados em profusão pelas mãos dos antigos ofertantes, o sangue dessa oferta apresentada por Cristo era suficiente para cobrir e pagar pelos pecados de todos, pois ele não era entregue em sacrifício por pessoas culpadas, mas *a si mesmo se oferecia* como holocausto em favor dos homens.

Como o Filho morreu sem qualquer culpa, sua morte pode ser aplicada na vida de pessoas realmente culpadas. E como ele era o próprio Deus, sua morte tem valor infinito para ser estendido a muitíssimas pessoas.

Faça uma pausa e permita que essas palavras ecoem em sua mente, revelando-lhe o grande valor da morte de Cristo em seu favor. Uma pessoa inocente, totalmente inocente, morreu *no seu lugar*. Ninguém lhe pediu que fizesse isso, *ela mesma se voluntariou*. E ela morreu não como um enfermo ou idoso falece, e sim *como o culpado que você é*. Ao mesmo tempo que sofria para lhe conceder perdão, Jesus também absorvia todo o castigo que você deveria receber por conta de sua rebelião contra o Criador.

VIDA GARANTIDA

A morte do Senhor, contudo, foi apenas o começo da liberdade e da vida eterna que o cristão possui. O passo seguinte desse processo foi a sua ressurreição.

Em sua morte, o Filho ofereceu ao Pai um sacrifício em favor dos que creem nele; um sacrifício maior que o de novilhos e cordeiros, oferecido no Antigo Testamento. Ele deu uma oferta única, à vista, que cobre todos os nossos pecados. No entanto, se a obra do Senhor se resumisse à sua morte, não teríamos vida.

Ao mesmo tempo que **sofria** para lhe conceder perdão, a morte de Jesus também **absorvia todo o castigo** que você deveria receber por conta de sua **rebelião** contra o Criador.

Se Jesus, após ser baixado da cruz, permanecesse no túmulo, isso significaria que o sacrifício não foi aceito. Significaria que ele havia morrido apenas por si mesmo. Significaria que ele não tinha qualquer poder sobre a morte. Nas palavras de Paulo, "se Cristo não ressuscitou, é inútil a nossa pregação, como também é inútil a fé que vocês têm" (1Coríntios 15:14).

Todavia, os evangelhos não terminam com o Mestre dependurado na cruz, nem somente acomodado no sepulcro. Ao terceiro dia, como ele mesmo havia predito, Jesus ressuscita dos mortos, e essa ressurreição implica muito mais coisas do que costumamos pensar.

Em primeiro lugar, a ressurreição de Cristo comprova sua inocência e sua santidade. Se a morte é consequência do pecado, então quem nunca pecou não pode permanecer morto. Foi o que aconteceu com Jesus: "Mas Deus o ressuscitou dos mortos, rompendo os laços da morte, *porque era impossível que a morte o retivesse* (Atos 2:24). O Senhor ressuscitou não apenas porque era mais forte que a morte, mas também porque ela não tinha qualquer direito sobre ele, já que ele nunca havia pecado. Assim, quando Deus ressuscitou seu Filho dentre os mortos, Cristo foi vingado, e sua inocência foi revelada ao mundo.

Em segundo lugar, nosso Mestre ressuscitou porque, diferente de nós, criaturas, ele tinha vida em si mesmo: "Pois, da mesma forma como o Pai tem vida em si mesmo, ele concedeu ao Filho ter vida em si mesmo" (João 5:26). Isso significa que, enquanto nós vivemos porque Deus nos mantém vivos, Jesus vive por causa de si mesmo. Assim, ninguém tinha o direito de matá-lo; foi ele quem entregou sua vida: "Por isso é que meu

Pai me ama, porque eu dou a minha vida para retomá-la. Ninguém a tira de mim, mas eu a dou por minha espontânea vontade. Tenho autoridade para dá-la e para retomá-la. Esta ordem recebi de meu Pai" (João 10:17-18). Essa verdade também fica clara no calvário quando ele diz: "Pai, nas tuas mãos *entrego* o meu espírito" (Lucas 23:46). Tendo vida em si mesmo, o Senhor pôde carregar sobre si a culpa do nosso pecado e ainda ressuscitar. Além disso, tendo vencido a morte, o Senhor também pode conceder vida a quem ele quiser (João 5:21).

Tal como a morte completou sua vida, e sua ressurreição completou sua morte, a subida do Filho aos céus completou toda a sua obra. Depois que foi glorificado, assentando-se à direita do Pai, Jesus enviou o Espírito Santo ao seu povo, o próprio Espírito que o ressuscitou da morte. Isso significa que nós, de igual modo, também ressuscitaremos:

> E, se o Espírito daquele que ressuscitou Jesus dentre os mortos habita em vocês, aquele que ressuscitou a Cristo dentre os mortos também dará vida a seus corpos mortais, por meio do seu Espírito, que habita em vocês (Romanos 8:11).

A CENTRALIDADE DA MORTE

Pronto! Essas últimas páginas lançam uma base, ainda que concisa, para que exploremos o grande paradoxo cristão da vida e morte em nossa própria vida. Tudo o que podemos dizer acerca de morrer e viver para Deus tem como fundamento a morte e a vida do nosso Mestre.

Mais do que isso, tudo o que foi dito neste livro acerca dos paradoxos anteriores corresponde à morte do Senhor.

A sabedoria e a loucura dizem respeito ao plano sublime, porém aparentemente ilógico, de Deus de trazer salvação, vida e sabedoria por meio do anúncio da morte de seu Filho. Ao tratarmos de visível e invisível, reconhecemos principalmente que o Verbo criador se fez concreto com o propósito de salvar aqueles que creem nele como o único caminho para o Deus. O paradoxo de reinado e serviço reconta aos estados pelos quais nosso Salvador passou a fim de nos resgatar da morte eterna: o Filho de Deus fez-se servo para morrer em favor dos homens; e, depois de ressuscitar, foi coroado por seu Pai como Rei sobre todas as coisas. Da mesma forma, o paradoxo de posse e escassez nos remete ao tesouro infinito que encontramos no Senhor, o qual abriu mão de tudo o que possuía na sua glória para nos ter ao seu lado. Força e fraqueza, bem como triunfo e derrota, demonstram o grau máximo de fragilidade a que Cristo se expôs, na cruz, onde venceu as forças que nos mantinham escravos e conquistou nossa liberdade.

Tudo volta sempre à morte e à ressurreição de Jesus porque, como temos falado desde o início, esses são os eventos mais extraordinários e fundamentais do cristianismo. Não há fé cristã sem cruz.

E, uma vez que a cruz é instrumento de morte, podemos concluir que não há cristianismo sem morte. Todavia, desta vez não nos referimos apenas à morte de Cristo. Também é impossível haver cristianismo verdadeiro sem que os seguidores do Mestre morram.

A Bíblia associa a nossa morte espiritual à vida e a uma vitória eterna. E há pelo menos duas situações de morte para os seguidores de Jesus: a primeira delas é atribuída a nós, já a

É impossível haver **cristianismo verdadeiro** sem que os **seguidores do Mestre** também **morram**.

segunda é uma morte que nós mesmos devemos buscar. Vamos dar uma breve olhada em cada uma delas.

Sobre a morte que nos foi atribuída, encontramos a seguinte explicação, escrita por Paulo sob a inspiração do Espírito:

> [...] vocês não sabem que todos nós, que fomos batizados em Cristo Jesus, fomos batizados em sua morte? Portanto, fomos sepultados com ele na morte por meio do batismo, a fim de que, assim como Cristo foi ressuscitado dos mortos mediante a glória do Pai, também nós vivamos uma vida nova.
>
> Se dessa forma fomos unidos a ele na semelhança da sua morte, certamente o seremos também na semelhança da sua ressurreição. Pois sabemos que o nosso velho homem foi crucificado com ele, para que o corpo do pecado seja destruído, e não mais sejamos escravos do pecado; pois quem morreu, foi justificado do pecado (Romanos 6:3-7).

Repare que a morte que nos foi atribuída é manifestada de duas formas: no batismo e numa vida livre do poder do pecado. Vejamos o sentido de cada uma delas.

Morte e batismo

Ao entregar sua vida a Jesus e aceitá-lo como seu Senhor e Salvador, imediatamente você reconhece que, quando ele morreu, você morreu nele, e isso basta para que você seja salvo (cf. Atos 16:30-31).

Entretanto, desde os primeiros dias do cristianismo, o convertido é convidado a manifestar publicamente essa decisão interna por meio de um sinal externo, que é o batismo. Em

Atos 2, depois que Pedro anuncia o Senhor, por ocasião descida da do Espírito, as multidões ficaram aflitas e lhe perguntaram: "Irmãos, que faremos?". Pedro respondeu: "Arrependam-se, e cada um de vocês seja batizado em nome de Jesus Cristo para perdão dos seus pecados, e receberão o dom do Espírito Santo" (vs. 37-38).

O batismo proclama aos outros a nossa identificação com nosso Mestre. Ao passarmos pelas águas batismais, estamos proclamando ao mundo, confessando publicamente que morremos em Cristo para o pecado, e que ressurgimos com ele para uma nova vida sem a prática do pecado. Esta é a implicação dos primeiros versos daquele trecho de Romanos 6: "fomos sepultados com ele na morte por meio do batismo".

Quando o Filho de Deus expirou, ele não morreu apenas por nós, mas morreu *como* nós, por isso no batismo somos submersos na água, indicando sepultamento, e de novo trazidos à superfície, simbolizando a ressurreição. Morremos e ressuscitamos *nele*.

Liberdade do pecado

Lembra-se de quando dissemos que, quando uma pessoa morre, ela fica livre do poder do pecado? Pois bem. Se você, pela fé, morreu com o Senhor, então, para o pecado, você está morto. O que isso quer dizer? Que o pecado não tem mais poder sobre a sua vida! Não é uma notícia maravilhosa? E isso não é tudo. Dissemos também que essa liberdade do pecado, que seria possível somente após a morte, poderia ser boa, mas era inútil, uma vez que não haveria mais possibilidade de desfrutar dela. No entanto, com a ressurreição de

Jesus, isso acaba, pois: "Se dessa forma fomos unidos a ele na semelhança da sua morte, certamente o seremos também na semelhança da sua ressurreição".

Se isso parece complicado, veja deste modo: quando você se associou a Cristo pela fé, você tomou para si a morte dele, bem como a sua ressurreição. Você, espiritualmente falando, foi envolvido no manto de linho que cobriu o corpo do Mestre após a cruz, e foi depositado com ele dentro do sepulcro. Uma vez que você já morreu, o pecado não tem mais poder sobre a sua vida.

Contudo, no Senhor, você *também ressuscitou* no domingo de manhã! Ressuscitou para o quê? Para uma vida livre do jugo do pecado. Hoje, você *já* pode escolher não pecar, e isso significa ter a oportunidade que apenas Adão teve.

SACRIFÍCIOS VIVOS

Por fim, existe ainda a morte pela qual o cristão deve escolher passar. O texto que citamos anteriormente, de Romanos 6, começa com a seguinte pergunta: "Nós, os que morremos para o pecado, como podemos continuar vivendo nele?" (v. 2). É uma excelente pergunta. Se, no Filho, estamos livres do poder do pecado e, assim, podemos perseguir uma vida centrada em fazer a vontade de Deus e se alegrar nela, qual o propósito de pecar?

Podemos ir além e também nos questionar: "Se eu já morri para o pecado, por que ainda peco?".

Pecamos porque, embora já sejamos livres do poder do pecado, ainda não fomos libertos da *presença* do pecado em nossa vida. Nós, bem como todo o mundo, toda a criação, ainda temos de conviver com o pecado, pois este mundo permanece sob o poder do Maligno (1João 5:19). A presença total do mal será extinguida somente quando o Senhor voltar estabelecer seu reino eterno.

Até lá, o que temos de fazer é diariamente matar o pecado que ainda pode ser encontrado em nossa vida. Chamamos isso de "matar o velho homem", ou seja, renunciar aos desejos e às paixões que antes nos controlavam. Significa negar as coisas que nós valorizávamos, que o mundo ainda valoriza, a fim de priorizar as coisas do Reino dos céus. É muito mais do que trocar velhos costumes por novos hábitos "evangélicos". Paulo chama essa mudança de atitude de "trocar de pele", ou seja, você arranca de sobre si a pele do homem antigo, que o leva à prática do pecado, e coloca no lugar a nova pele de santidade, concedida pelo Filho (cf. Efésios 4:22; Colossenses 3:9).

Quem nos convida a fazer essa morte voluntária é o próprio Mestre:

> Se alguém quiser acompanhar-me, negue-se a si mesmo, tome a sua cruz e siga-me. Pois quem quiser salvar a sua vida, a perderá, mas quem perder a sua vida por minha causa, a encontrará. Pois, que adiantará ao homem ganhar o mundo inteiro e perder a sua alma? Ou, o que o homem poderá dar em troca de sua alma? (Mateus 16:24-26)

Como ele negou a si mesmo, tomou a cruz e morreu por nós, o Senhor nos convida a imitá-lo. Ao fazer isso, estamos alegrando o Pai, estamos, de fato, imitando o Mestre, como também estamos diminuindo o poder do pecado em nosso corpo.

Negar a si mesmo,
tomar a cruz e
seguir o Mestre
**contém a
rebelião do
nosso coração.**

Perder a sua vida é deixar que o Filho de Deus se manifeste por meio da sua existência. A sua perspectiva de vida passa a ser a de Jesus, e o motivo da sua vida deixa ser viver por conta própria, mas fazer a vontade do Criador. Negar a si mesmo, tomar a cruz e seguir o Mestre contém a rebelião do nosso coração.

Quem ama a sua vida, correndo o mundo inteiro para fazer o que é do seu agrado, no fim das contas perderá tudo. A única forma de salvar a vida é submetê-la totalmente ao senhorio de Jesus. Quando morremos para o mundo, vivemos para Cristo, e esse é o maior de todos os paradoxos.

De maneira prática, como podemos morrer diariamente? A melhor forma é estar em constante estado de sacrifício. A Escritura diz: "Portanto, irmãos, rogo-lhes pelas misericórdias de Deus que se ofereçam em sacrifício vivo, santo e agradável a Deus; este é o culto racional de vocês" (Romanos 12:1).

Como vimos, os sacrifícios oferecidos no Antigo Testamento eram animais. Embora houvesse especificações quanto ao tipo de animal que deveria ser oferecido em cada ocasião, na maior parte dos casos tudo o que o penitente tinha de fazer era apresentar um animal perfeito, e o sacrifício já era realizado.

O cordeiro da Páscoa, todavia, era diferente. Os cordeiros pascais, como eram chamados, além de toda perfeição requerida para o sacrifício, tinham de ser machos e ter apenas um ano de vida (Êxodo 12:5). Como a Páscoa era celebrada de ano em ano, os cordeiros que seriam destinados ao sacrifício do ano seguinte geralmente já eram separados. Durante todo aquele ano, o cordeirinho se alimentava, crescia, se exercitava e descansava, entretanto, já era considerado um animal morto. Ele estava vivo, mas sua vida já não pertencia mais a si mesmo e nem ao seu dono. De certa forma, ele já havia sido consagrado.

Por mais estranho que pareça, essa deve ser a nossa condição como "sacrifícios vivos". A vida que possuímos em nós mesmos já não nos pertence mais. Ela apenas aguarda o dia em que será reclamada pelo seu verdadeiro Dono, nosso Deus e Senhor. Dormimos e acordamos, trabalhamos e descansamos, sonhamos e executamos não para nós mesmos, mas para aquele ao qual nossa vida pertence: "Assim, já não sou eu quem vive, mas Cristo vive em mim. A vida que agora vivo no corpo, vivo-a pela fé no Filho de Deus, que me amou e se entregou por mim" (Gálatas 2:20).

CONCLUSÃO

OS ÚLTIMOS SERÃO OS PRIMEIROS

De fato, há últimos que serão primeiros
e primeiros que serão últimos.
LUCAS 13:30

É PRECISO TER, EM NOSSA VIDA, CLAREZA quanto ao fato de que o tempo não existe para quem é eterno. Isso é verdade para Deus tanto quanto o é para nós. A eternidade começou em nós quando recebemos Jesus em nós, não quando morrermos. A partir deste momento, você já começou a desfrutar de vida infinita, que ultrapassará o dia de sua morte.

Isso nos aproxima, ainda que seja de maneira ínfima, do modo que o Senhor lida com o tempo. Se buscarmos entender e aplicar isso no nosso dia a dia, seremos capazes de desfrutar hoje mesmo, em meio ao tique-taque do relógio, da vida eterna que Jesus conquistou para nós ao morrer na cruz, e que já nos pertence por meio da fé nele (cf. João 10:10).

Porém, ao mesmo tempo em que a eternidade já é nossa, não temos condições de nos apropriar dela completamente. Ainda estamos presos ao tempo. Por isso, só vemos uma pequena parte desta grande dimensão chamada eternidade. Como podemos, então, aprender a contar nossos dias, como pediu Moisés (cf. Salmos 90:12), enquanto arranhamos a superfície da plenitude de vida que nos foi prometida e garantida pelo Senhor?

A resposta é simples, e pode até parecer um lugar-comum: devemos confiar cem por cento em Deus, vivendo nele cada segundo. Temos de ser serenos quanto à soberania do Senhor sobre sua obra e sobre a sequência cronológica de fatos que irá definir o conjunto dos eventos que forma nossa vida.

Para fazer isso na prática, gostaria de compartilhar três frases que são a marca do pastor Márcio Valadão ao longo dos anos, e que nos ajudará a navegar nesse paradoxo da eternidade habitando nosso corpo mortal:

NUNCA DESPREZE OS PEQUENOS COMEÇOS

O mundo parece nos forçar a viver de grandes inaugurações em grandes inaugurações. Tudo tem de começar grande, esplendoroso, monumental. Não sou contra a excelência, pelo contrário: creio que temos de fazer tudo o que Deus coloca em nossas mãos de maneira bem-feita. Porém, ser dedicado não significa ser megalomaníaco.

Essa pressão por grandeza acaba muitos a desistirem antes mesmo de começar. Ideias são abortadas simplesmente por não serem majestosas — como se estivéssemos sempre competindo com oponentes invisíveis (ou nem tão invisíveis) para ver quem tem a melhor ideia, a melhor inauguração, o melhor começo.

Precisamos compreender que ninguém nasce grande. Já imaginou uma mulher dar à luz um adulto? Isso seria uma grande aberração. Por que, então, ansiamos por ser os próximos notáveis da nossa geração? Por que não nos contentamos em simplesmente ser os perseverantes, que começam pequeno e — ainda que terminem pequeno — perseveram até o fim?

O que já é grande não cresce. É preciso ser pequeno para crescer. Da mesma forma, projetos, sonhos, trabalhos, ministérios, amizades e relacionamentos começarão pequenos e, sendo nutridos da forma apropriada, crescerão na velocidade certa e saudável, ganharão forma e se tornarão grandes.

Lembro-me da primeira reunião do ministério de namorados da nossa igreja que minha esposa e eu encabeçamos. Havia uma reunião para os namorados no sábado, mas ela acontecia no mesmo horário do culto de jovens. Criamos então esse horário alternativo, aos domingos, a fim de atender os casais que desejavam ir ao culto de jovens no sábado. Todo o projeto foi feito com a bênção da liderança, e fizemos uma ostensiva divulgação nos vários meios de comunicação da igreja. Na época, a igreja já contava com mais de 50 mil membros, por isso, tínhamos uma grande expectativa. Chegamos mais cedo, organizamos tudo, mas na hora da reunião, só havia dois casais — e um deles era os nossos cunhados, que haviam ido para dar um apoio moral. Dirigimos a reunião com os dois casais com o mesmo zelo e amor que dedicaríamos se houvesse cem pessoas ali. O trabalho continuou, domingo após domingo até que, onze anos depois, pudemos orgulhosamente passar o bastão para novos líderes. Podemos afirmar, para a glória de

O que definirá o **sucesso** do seu ministério não é o tamanho que ele possui ao nascer, mas o tamanho do **respeito** que você devota a ele.

Deus, que durante aquela década, milhares de casais de namorados foram abençoados. Valeu a pena.

O que definirá o sucesso do seu ministério não é o tamanho que ele possui ao nascer, mas o tamanho do respeito que você devota a ele.

SÓ TEMOS UM DIA PARA VIVER, E ELE SE CHAMA HOJE

Por mais linda que seja a história que você viveu em seu passado, e por mais empolgantes que sejam os projetos que você tem para o futuro, o que realmente temos nas mãos é o dia de hoje. A plenitude de vida alcançada por Cristo só pode ser desfrutada enquanto se vive, e isso não acontece no passado e nem no futuro, somente no agora. Por isso, temos de viver o dia de hoje pois ele é, de fato, tudo o que nos resta.

Não quero com isso disseminar o pensamento popular do *carpem diem*, popularizado na modernidade pelo filme *Sociedade dos poetas mortos*. Hoje em dia, "viver o hoje" pode dar a entender que se deve viver desesperadamente, como se não houvesse amanhã. O cristão não vive assim porque sabemos que há um amanhã, um amanhã definitivo ao lado de Cristo, na presença de Pai. Vivemos hoje *por causa* desse amanhã. Essa certeza deve nos impedir de simplesmente cruzar os braços e esperar que o mundo mude ou acabe, o que acontecer primeiro. Muitos acham que, por causa das decepções do passado ou da falta de expectativas para o futuro, não precisam ou não devem agir mais. Seu excesso de passado se traduz em depressão, e seu excesso de futuro se manifesta em ansiedade. Mas o excesso de presente é chamado de *esperança*.

A esperança nos permite desfrutar cada dia de maneira única. Em nossa igreja, por exemplo, os desafios são enormes em todas as esferas, uma delas é a área financeira, mas vivemos um princípio que parece uma grande loucura, não temos um orçamento, apesar de sermos uma igreja de mais de oitenta e cinco mil membros e centenas de extensões, ministérios, instituições sociais e missionárias não temos um Real na conta ao fim do dia. Vivemos do maná que Deus faz descer do céu. De fato é uma grande pressão, mas também uma incrível experiência de fé, milagres e total dependência de Deus. Não queremos dizer com isso que todos devem viver assim, mas é um testemunho de como viver o hoje pode ser espetacular.

A Bíblia o tempo todo nos encoraja a desfrutar do dia que Deus nos deu, nosso presente.

> Não diga ao seu próximo: "Volte amanhã, e eu darei algo a você", se pode ajudá-lo hoje. (Provérbios 3:28)

> Não diga: "Por que os dias do passado foram melhores que os de hoje?" Pois não é sábio fazer esse tipo de pergunta. (Eclesiastes 7:10)

> Dirigindo-se aos seus discípulos, Jesus acrescentou: "Portanto eu digo a vocês: Não se preocupem com sua própria vida, quanto ao que comer; nem com seu próprio corpo, quanto ao que vestir. A vida é mais importante do que a comida, e o corpo, mais do que as roupas. Observem os corvos: não semeiam nem colhem, não têm armazéns nem celeiros; contudo, Deus os alimenta. E vocês têm muito mais valor do

> que as aves! Quem de vocês, por mais que se preocupe, pode acrescentar uma hora que seja à sua vida? Visto que vocês não podem sequer fazer uma coisa tão pequena, por que se preocupar com o restante? "Observem como crescem os lírios. Eles não trabalham nem tecem. Contudo, eu digo a vocês que nem Salomão, em todo o seu esplendor, vestiu-se como um deles. Se Deus veste assim a erva do campo, que hoje existe e amanhã é lançada ao fogo, quanto mais vestirá vocês, homens de pequena fé! Não busquem ansiosamente o que comer ou beber; não se preocupem com isso. Pois o mundo pagão é que corre atrás dessas coisas; mas o Pai sabe que vocês precisam delas. Busquem, pois, o Reino de Deus, e essas coisas serão acrescentadas a vocês. (Lucas 12:22-31)

O Reino de Deus é o caminho pelo qual devemos viver intensamente o único dia que temos para viver de fato, o dia de hoje.

É COMO TERMINA QUE SE CONTA

Muitos grandes líderes fizeram coisas espetaculares nas áreas em que atuaram, mas invariavelmente são lembrados pelos tropeços que cometeram no final da história. Terminar bem é tão importante quanto começar bem.

Um exemplo foi Sansão que começou como um grande juiz e vencedor de muitas batalhas, mas terminou cego e escravo, tratado como palhaço e se suicidou. De forma oposta temos Paulo que era um perseguidor de cristãos, mas depois de ter seu encontro com Deus se tornou uma das figuras mais importantes do Novo Testamento e da implantação da igreja primitiva.

Ambos personagens emblemáticos da Palavra de Deus, mas fizeram caminhos opostos, um começou muito bem e terminou mal, o outro começou muito mal, mas terminou bem. O que fica claro quando comparamos cada história é que a imagem final do que eles representam no consciente coletivo evangélico é que Sansao foi fraco e Paulo forte. Isso tudo por causa do fim de cada um.

Como você sonha terminar sua história? Muitas vezes pecamos e bagunçamos nossa vida por causa de um prazer fortuito, momentâneo com prejuízos que durarão para sempre. Temos que pensar exatamente nas consequências de nossas decisões, buscar entender a vontade de Deus naquela situação, evitar agir por impulso. Quando seguimos caminhos por nós mesmo dificilmente o final é bom.

A palavra nos fala em vários momentos a diferença entre planejarmos nosso futuro ou deixar Deus o conduzir:

> Ao homem pertencem os planos do coração, mas do Senhor vem a resposta da língua. (Provérbios 16:1)

> Muitos são os planos no coração do homem, mas o que prevalece é o propósito do Senhor. (Provérbios 19:21)

Que esse fim de leitura seja o começo de planos maravilhosos. Que essa última página seja a primeira das páginas em branco que se seguirão e serão preenchidas por suas decisões de buscar viver os paradoxos de Deus em sua vida e desta forma estar sempre no centro de Sua boa, perfeita e agradável vontade.

Que o Senhor o abençoe abundantemente neste precioso propósito!

RICHARDE BARBOSA GUERRA

é natural de Belo Horizonte e desde cedo dedicou-se a investigar a natureza dos sistemas que nos rodeiam. Graduou-se em Química Industrial no Centro Federal de Educação Tecnológica de Minas Gerais (CEFET-MG); especializou-se em Química de Organismos Marinhos (USP); depois, Química Pura na Universidade Federal de Minas Gerais (UFMG), onde também cursou Astrofísica, e faz mestrado em Geologia, ainda não concluído. Em seguida, investiu na Teologia, área em que é pós-graduado em Estudos Pastorais e mestre em Teologia da Ação Pastoral, ambos pela Faculdade Evangélica de Teologia de Belo Horizonte (FATE-BH). Paralelamente, lecionou Química e Teologia em várias escolas, cursinhos, faculdades e seminários durante 20 anos. No Centro de Treinamento Ministerial Diante do Trono (CTMDT), foi titular da cadeira de Transformação e Cosmovisão por 11 anos, experiência essencial para escrever este livro. Foi diretor do curso de Química da Universidade Vale do Rio Verde (UninCor-BH) até encerrar a carreira de professor de Química Analítica e se dedicar exclusivamente ao ministério pastoral. É membro da Igreja Batista da Lagoinha desde 2000, onde pastoreia desde 2006, assumindo em 2012 a liderança da juventude junto com o Pr. Lucinho Barreto. Atualmente, também é professor do

Seminário Teológico Carisma e já participou da implantação de 104 igrejas. Este é o 25° livro de sua autoria. A partir de 2014, passou a se envolver na implantação de novas igrejas e hoje coordena, como pastor, cerca de 75 delas em BH, interior de Minas e em diversos estados do Brasil, bem como em vários países. É também roteirista de história em quadrinhos, sendo autor do Mangá Eclesiástico. É casado com Priscila Guerra e tem dois filhos: Daniel e Josué.

MÁRCIO VALADÃO é pastor da Igreja Batista da Lagoinha desde julho de 1972. Nestes 46 anos, Deus lhe deu a graça de ver crescer a família de irmãos na fé, que chegou, em setembro de 2018, a mais de 85 mil membros. Toda semana, na sede, acontecem cerca de 40 cultos, com a participação de milhares de irmãos. Com um trabalho de projeção internacional, a Igreja Batista da Lagoinha busca cumprir sua vocação de ser uma inspiração, estando presente na TV, rádio, nas redes sociais e na internet, atingindo milhares de pessoas. A estrutura conta com 361 pastores integrais e mais de mil pastores voluntários. O lema da Lagoinha é: "grande para servir e pequena para se importar". Grande para servir através de seus mais de 220 ministérios e pequena para se importar com cada ovelha através de seus mais de 4000 Gcs, grupos pequenos, que hoje estão presentes nas mais de 400 Lagoinhas espalhadas por toda Belo Horizonte, Minas Gerais, Brasil e várias nações no exterior. A visão da Igreja Batista da Lagoinha é alcançar 10% da população de cada cidade onde ela foi plantada até 2020.

Pastor Márcio Valadão é casado com Renata, pai de Ana Paula, André e Mariana Valadão, e avô de Isaque, Benjamim, Tito, Davi, Lorenzo, Vitório, Bella e Angel.

Este livro foi impresso em 2018, pela Santa Marta, para a Thomas Nelson Brasil. A fonte usada no miolo é Goudy Old corpo 12. O papel do miolo é Pólen 80 g/m^2.